U0099369

烏啼鳳鳴有餘聲

陶百川全集(三)

三民書局印行

國立中央圖書館出版品預行編目資料

烏啼鳳鳴有餘聲／陶百川著.--初版.
--臺北市：三民，民84
面；　公分,--(陶百川全集;33)
ISBN 957-14-2213-4（精裝）

1.政治-臺灣-論文，講詞等

573.07　　　83011510

© 烏啼鳳鳴有餘聲

著作人　陶百川
發行人　劉振强
著作財產權人　三民書局股份有限公司
臺北市復興北路三八六號
發行所　三民書局股份有限公司
地址／臺北市復興北路三八六號
郵撥／○○○九九九八－五號
印刷所　三民書局股份有限公司
門市部　復北店／臺北市復興北路三八六號
重南店／臺北市重慶南路一段六十一號
初版　中華民國八十四年一月
編號　S 57070
基本定價　壹佰柒拾柒元柒角捌分
行政院新聞局登記證局版臺業字第○二○○號

有著作權・不准侵害

ISBN 957-14-2213-4（精裝）

本書作者夫婦民國八十年四月十五日攝於舊金山

祖父聲光安可恃！
衣冠門戶最難支。
罌有餘粟囊餘帛，
不惜分陰待幾時！
錄前人詩以誡天林兒
陶百川 五二、十一、七

陶百川勉勵五公子天林手跡

日行三千步
工作不過勞
以忍耐齊家
儉能常有餘
名利看得淡

宜睡七小時
飲食有節制
以和平處世
勤故無難事
大事不糊塗

民國八十年二月二十二日中央日報航空版載有 陶百川伯伯九秩榮慶實況 遠隔重洋未能躬與其盛至為
歉憾 報導中錄有老年健康自律歌 簡易能行 此間子侄輩爭相傳誦 錄為座右 不揣固陋 恭書此幅
以回奉 陶伯伯伯母 藉申千里敬恭之忱
愚侄 楊月恒 內子陳妙琴 謹書
青白 檀香山

謀國公忠老益堅真知耿耿見
常先共欽抗疏開言路更有靈
光享大年著作經綸充世用兒
孫瓜瓞裕家傳白頭梁孟齊
莊敬善慶端教福慧全

百川親家榮獲中國民主教育基
金會一九九一年度中國傑出民主人士
獎賦此奉賀並乞教正　黃麗貞稿

自序

拙著《陶百川全集》出版後，監察院圖書館送來七大包我任監委時期的提案、發言紀錄以及一部分文章。後者多半是我請辭監委後寓居歐美兒女家所寫而寄給《聯合報》和《中國時報》發表的，假使不是監察院給我剪存，它們可能從此失落，所以我要感謝楊綉珍女士和吳杏仙女士兩位館員。

現在我把那些文稿，加上我自己發現的，編成這本《烏啼鳳鳴有餘聲》。烏啼是在喚醒世人不做大夢，鳳鳴高岡，則是吉兆。那是一個大時代，發生很多大事，烏啼鳳鳴都不能免。於是我在集中順著下列順序，記錄我的啼痕和鳴聲，如左：

一、關於政治目標、自強之道和旅途感想
二、關於民主制度和民代權責
三、關於監察院和我的監察作風
四、關於國家統一的千方百計和中共對臺動武問題
五、關於新聞界的自律自強

六、關於美國議員的道德規範
七、關於美國政府的新政、公政和大社會
八、關於豬灣悲劇和美國援助的檢討
九、關於美國與中共的冷戰
十、關於聯合國的不治之症
十一、關於蘇聯的新經濟改革
十二、關於我的爲人和從政

最後，我尚須對拜清雲先生表示感謝，因爲本書這些文稿都是貯藏很久，紙質鬆脆，有些字跡辨認不易，幸而他很勤勉和細心，但費神已夠多了。

陶百川　八十三年十月一日

烏啼鳳鳴有餘聲 目錄

最早最先建議增補中央民代

早在民國五十六年，我首先呼號：中央民意代表，尤其監察委員，必須從速補選。三年後，政府增補了二十八人。但是其中監委二人是由那時升爲院轄市的臺北市議會所選出，是新選，而不是增補選。所以千呼萬喚的結果，只增加了二十六人，顯然太少了，不足以應急需。

於是我在同年（五十八年）建議再辦一次增選，並且主張增選人數擴充爲立法委員一百五十人，監察委員三十人。（我一向反對全部改選，因爲那是絕不可能的。）

六十二年政府再辦增選時，名額擴充爲國民大會代表五十三人，立法委員五十一人，監察委員十五人。但我認爲還是嫌少。

現在政府表示：停頓中的增額中央民意代表的選舉可以定期恢復，並將增加名額。善哉善哉！我呼籲早日實施。

我因那樣特別關心中央民意代表的增選，當然也很重視立法院正在聽證的選舉立法。所以我曾請一位立法委員介紹我去該院作證，但遭婉拒。現在我乃不得不用報紙一角提出最後呼籲，就選舉法中四個關鍵問題作最後陳述。

第一，草案規定的中央選舉委員會主持選舉行政和選舉監察，任務重大，眾所矚目，它必須超然和獨立，方足昭示大公和大信。我建議：委員人選，應由行政院會商立法、司法、考試和監察等四院，報請總統任命，或由總統參考憲法第四十四條向五院院長諮詢意見方予派任。其次，執政黨黨員不得超過但也不可少於該委員會委員總額的半數。任期五年，不得連任。

第二，政府信用卓著，中外同欽，但選舉仍為許多人所詬病。所以我在上文建議要使選舉委員會的組織獨立和超然，以昭大公和大信。現在，我更呼籲要在投票、開票、唱票和計票方面做到弊絕風清。那便須使每一投票所和開票所都有非執政黨也就是所謂黨外候選人所共同推薦的監選員至少一人在場監票。如果他們不能推出大家同意的監察員，選舉機關應為其協調。如果協調不成而所提的人數過多，可由選舉機關就其人選當眾抽籤決定。

第三，選舉訴訟，應准上訴一次。（應請注意：再審不能代替上訴）。選舉訴訟不能阻卻當選人的就職和行使職權，所以並無速結以致不准上訴一次的必要。而且選舉訴訟適用民事訴訟法，而該法准許利害關係超過八千元的訴訟案件都可上訴兩次。選舉訴訟可使一個或全體候選人當選無效，怎麼可以不求特別審慎並以上訴對違誤判決加以一次救濟呢！（再說一遍：再審不能代替上訴負擔這些任務！）

第四，本省選舉年來漸為金錢所汚染，以致「有錢能使鬼推磨」，於是無錢的人，即使有才有能有德，也只得望票與嘆。這樣何能達到選賢與能的目的！我呼籲在選舉法中規定：

一、候選人的競選費用應加限制，可由選舉機關以選民人數為依據決定它的最高數額。例如縣長候選人可對選民每人使用三元競選費，一百萬人准許使用三百萬元。

二、候選人應在選舉結束後十日內將全部費用編製帳册，呈送選舉機關備查，並准選民聲請閱覽。

三、競選費用如果違法使用，或作虛偽的報銷，應由選舉機關移送法院審辦。

上項規定，辦理或有困難，而且容易引起糾紛。但這正是選舉立法應有的重要任務。各國莫不如此，本省現制也有類似規定。我們不可故作癡聾，而應勉為其難，以免選風敗壞，政風污染！

怎樣組織中央選委會？

對於選舉委員會的設置，國策顧問陶百川有三點意見：

一、選舉委員會照現在草案的規定，甚至可加到十五人，由行政院長提請總統派充之，這已比現行的制度好，但是，這個委員會假定是十五人，其產生方法建議由政府五院各提名兩人，立法院提兩人，司法院提兩人，考試院提兩人，監察院提兩人，行政院除也提兩人外，假設十五人，它可多提五人，這個意見就是說行政院提名的權比其他四院大一點，畢竟它是一個行政領導機關。

行政院所提的主任委員，也不必是內政部長擔任，可以是未必本院的人，相信立法院所提的人也未必本院的人，一定是對立法比較有研究的，司法院提的一定是法律專家，那麼行政院七個人可以延攬各種人士，各黨各派，所以一定要「未必本院」的成員，可在院外找人，這樣可以讓各種意見都容納在委員會裡。

二、草案規定各級選舉委員會委員均爲無給職，任期三年，陶百川認爲三年短了點，他建議可延長其任期爲五年，這些人除了辦理本年的立法委員及其他民意代表的選舉外，使他有五年時間，他還能再辦一次選舉，因爲這些代表是三年期的，任期爲五年，可以多有一次經驗，不過這點他並不堅持，三年也可以，但他強調「不得連任」，他認爲，多少人爲了連任，往往不能盡責，都是看政府的顏色在行使他的職權，若不能連任，其恐懼可能會少些，也比較能夠憑良知獨立行使其職權。

三、選舉委員會委員中，國民黨籍的不能超過八個人，可以有八人，但不能超過，應該十五人中要有七人爲沒黨派的人來擔任，陶百川指出，他是國民黨員，也很偏愛他的黨，所以，假定是三個黨，應該各派五人才對，但國民黨是當家的要多點——八個人。不過，他強調，也不必使它太多，在國民黨本身也是浪費了，他們會認爲人數多可以爲所欲爲，應該多找老百姓進來，尤其是此時此地，我們只有一個強大的黨，而這個黨和政府又是混爲一體的。選舉我們希望選拔新的人才，而這些人才不一定要出之於黨員，所以爲求選舉委員會能做到公平、公正、公開，須先從選舉委員會組織成員做起。

六十九年一月二十二日

議員免責權應爭取也須規範

周嘯虹

縣市議員免責權的問題，這幾個月來成了中央到地方都關切的話題，一直到大法官會議以釋字第一二二號解釋令，認爲議員在會內所爲與會議無關之言論，仍應負責，至此，這個問題本可到此告一段落，但這項解釋，並不爲原來要求解釋的監察院所滿意，所以監察院特地組成了一個五人小組，從事研究，並與司法院研究補救之道。

司院同意謀求補救

據最新的消息：監委們和司法院經過多次的交換意見，司法院也覺得這個解釋的內容似乎太泛，原則上也同意謀求補救之道，但是，司法院卻又認爲：這項解釋剛剛公布，馬上又要修改自己的意見，無異是自打耳光，所以希望監院不要急急的要求「更正」，假以時日，司法院一定是有所補救的。

儘管司法院有此表示，但監院並不放鬆，所以，十二日的院會中，五人小組提出了一個長達五千言的研究意見，歸根結底，是希望司法院從速補救。

議員言責案的發生，主要的是由於臺東縣議會的一位議員，因爲在議會中發言而被控誹謗，臺東縣議會乃向監察院陳情，希望監院能夠設法補救。

縣市議員的言責，司法院早在二十多年以前，即曾以解字第三七三五號解釋令，認爲議員在會內所爲之「不法」言論，並不受議員免責權的保障。

這多年來，我國雖已進入憲政時期，但這個解釋令仍然有效。在臺東縣議會議員誹謗案之前，已經有了基隆市議員張子岐的往例，所以，這個案子之要求解釋，是深爲中央及地方民意機構所關心的。

監委陶百川的意見

監察委員陶百川，一向對議員免責權的爭取，不遺餘力，他的意見，可爲一般民意代表的共同心聲。他在民國五十二年，曾經寫過一篇東西，其中有這樣一段話：「憲法所保障的不必負責任的言論是否包括不法的言論在內？照一般的解釋，包括不法的言論在內，當然也包括誹謗在內。是則人民代表不是有誹謗的自由麼？憲法何致保障誹謗的自由？但是保障的範圍假使不包括不法的言論在內，那麼那條憲法就應該讀成這樣：『國民大會代表在會議時所爲之（合法）言論及表決對會外不負責任。』這樣的規定，對人民代表能有什麼（特別）保障作用呢？還有什麼意義呢？因爲合法的言論是本來有保障的，不慮法院或其他機關加以處罰，而且人人有這個保障，無所謂對人民代表的特別保障，何勞憲法特加規定；於是憲法該條規定，豈非等於廢話和衍文？制憲的人，決不致如此無聊。可知憲法的特別規定，當然有其特殊的意義和作用，那就是上文所指陳的爲了鼓勵人民代表善盡職責，勇於發言，指摘時政的錯失，以期對症下藥，指摘官吏的穢德敗行，以便糾正或懲罰，於是憲法不能不對人民代表的言論予以特別保障，卽使涉及誹謗，也可以不負責任。」

雖有特權不可誹謗

陶百川委員也曾指出：議員雖有特權，然並非可以自由誹謗他人，他們仍須受到以下的限制：

一、他們須守道德的規範，並受輿論和選民的監察，他們如果無理取鬧或信口雌黃，縱使法律不加制裁，但必爲輿論所指摘，甚或爲選民所罷免或唾棄，他們有權而不敢濫用，就因懍於這些限制。

二、他們受著議會紀律的監督和拘束。他們僅有對外不負責任的權利，但因濫用職權，勢將羞及全體，所以議會都設有紀律委員會，可對違紀議員予以譴責等處分。

三、我國地方議會的議員而且尚須受法院有條件的訴追，因爲在上引司法院三七三五號解釋未廢止前，議員對於在會議時無關會議事項的不法言論仍應負責，而不在會議時的不法言論，縱使該項解釋廢止之後，議員仍不得不依法負責。

陶委員的此一觀點，在他擔任五人小組召集人以後，仍然持這一立場，所以五人小組所提出的研究報告，其內容大部分容納了陶委員一貫的主張。

議員應當善自珍惜

在研究報告提出之前，五人小組曾數度往訪司法院，司法院起初堅持己見，不作讓步，後來經有關方面協調，原則上，司法院將對前作解釋加以補充或修正，但時間上卻不能過於急迫，以免司法院有難堪之感。

爭了好多年的議員免責權，現在總算露出了曙光，但這項免責權得來不易，地方議員應善自珍惜才好。

法院改隸已拖七年不得再拖

監察委員陶百川昨天促請政府有關機關從速研辦高等法院以下各級法院改隸司法院的工作。

陶百川說：早在民國四十九年八月十五日，大法官會議即已作成解釋文，認爲高等法院以下各級法院應隸屬於司法院，行政、司法院曾組織專案小組會商辦理，但現已爲時七年還沒有改隸的措施；應催有關機關從速研辦。

陶百川今天在監察院報告中央巡察司法小組報告時，認爲司法風紀的敗壞，推檢轉調漫無法制實爲重要原因之一。

他指出，法院組織法第四十條規定：「實任推事非有法定原因並依法定程序，不得將其停職、免職、轉調或減俸，前項規定除轉調外，於實任檢察官準用之」。但是，由於法律對此項「法定原因」及「法定程序」未加以訂明，於是司法行政部乃可任意調動司法官，七年來平均每年轉調一百十三人，其中難免有不公平之處，因而形成不平之感，更造成鑽營活動的惡風。

他指出：司法官轉調大權，現集中於司法行政部部長手中，地方院檢首長對其所屬人員之遷調不獨無權過問，而且事前祕不使知。於是院檢首長監督之功能因而喪失殆盡，實爲司法風氣敗壞的最大原因。

他請求監察院司法委員會對此問題加以注意研討，以謀補救之策。

五十六年十一月十二日

紅燈報警消費止步！

——政經絮語·元旦試筆

《經濟日報》的編輯人，多次向我徵稿，我都不能應命。他曾有一次提到我多年前的一篇老文章：〈從兩套電爐想到為政之德〉，言下似乎希望我能為他常寫那樣的文稿。

那是一篇「絮語散文」，在英美叫做 personal essay 或 familiar essay，是用淺入深出（不是「深入淺出」）的手法，寫出作者本人熟悉的事情，以小喻大，就近取譬，使人讀了不感到煩厭而獲得好處。

這種經驗之談，各人都有，我本來可以替《經濟日報》多寫一些出來。但一念身心日老，而工作仍忙，就不敢輕易承諾。現因編輯先生又來囑寫新年特稿，這次不能再推，所以乃有本文之作。又因寫法有點嚕嗦而瑣碎，順便加入「政經絮語·元旦試筆」這個副題，聊以解嘲。實則試筆以後就擱筆，我很懷疑會有續稿。

一

民國四十五年冬，我向監察院院會提案呼籲「杜絕浪費，調整待遇」。監察院後來參照那個提案，加以調查，在第二年三月向行政院提出了一個糾正案，案由很長，如下：

「年來吾國軍需浩繁，財政困難，軍公教人員生活備感艱苦，然部分政府機關似仍不能共體時艱，而猶擴充不急需之政事，興辦不急需之事業，舉辦不急需之設計、訓練、考察、會議、考試、招待及展覽，增加不急需之機構及人員，建築不急需之房屋，購置不急需之汽車，丁此時艱，俱屬跡近浪費，自有加以糾正之必要，誠能力求精簡，厲行節約，同時整頓稅收及公營事業，以增加收入，則軍公教人員生活未始不能賴以改善。現當行政機關編訂下年度預算之際，合亟根據調查資料，提出糾正案，應請行政院迅予注意改進，並轉飭所屬一體遵照。」

二

十一年半以後，監察院舉行五十七年度總檢討會議，政治小組兩位召集人余俊賢和錢用和委員邀我參加該小組，固辭不獲。但我因忙只能協助修訂一下司法部分的檢討意見，沒有什麼創作。在最後一次小組會議時，我突然「心血來潮」，想到年來公私各方面都在競尚奢華，恣意消費，這樣加於財政和金融的壓力，不禁使我聯想到英鎊法郎和美元的危機，因此很替臺灣的物價和幣值躭憂，所以我即席提出「消費止步」的呼籲。吳委員大宇首先贊成，並提到十二年前那個杜絕浪費的糾正案，那時他也躬與其役，所以印象很深。我於是口授一段檢討意見的內容，由曾參事寫成下文：

「年來政府開支大幅增加，預算日益龐大。其中教育及生產建設之支出，固不在少，但可節約之浪費，仍有撙節餘地。現在人民稅負日重，公債發行亦已甚多，而所需重要建設之資金仍鉅。爲求積儲財力，必須厲行節約。故政府今後不必要之機構人員不宜再行增加，不必要之機關房舍或公共建築，不宜再行增建。並應嚴禁奢華浪費，以爲社會表率。」

三

將這兩文加以比較，檢討意見的意義自較大於糾正案。因爲：

第一、糾正案只提浪費，不提消費，而檢討意見則進一步注意到消費。這是有見於即使不算是浪費的支出，如果消費支出爲數過多，也足以妨害幣值，拖累財經。

第二、糾正案只是呼籲杜絕浪費，以使有錢調整軍公教人員的待遇，這個意義雖夠重大，然尚未指出浪費和過分消費的嚴重性；而檢討意見則觸及了財經問題的痛癢之處。

這是觀念的進步，雖很可喜，然得來不易。因爲直到現在尙有很多人認爲消費是生產的動力，節約是蕭條的母體。可是經過英鎊的貶值、美元的撙節和法郎的危機，他們已不像以前那樣振振有辭了。

英美法三國貨幣的危機，原因雖不僅是消費過多或開支過大，然補救之道，則無一不以節約爲主要的手段。我國財經基礎脆弱，迄今仍不過是一個小康局面，然政府支出的增加則很大很速，儼然是一個「天府之國」。懲於幾個大國金融的警報，能不惶悚和憬悟！

四

試舉幾個例子：

一、臺北市五十八年度的歲出預算較五十七年度竟增加了百分之六十強。國民中學的增設，當然是因素之一，而因改爲院轄市增加了衙門和官員，雖說勢不可免，然總覺對國計民生沒有多大好處，因而不能說不可撙節。

二、臺灣省五十八年度的歲出預算，並未因臺北市的分離而減少，較五十七年度也增加了百分之十三。

三、中央政府歲出的增加也很驚人。五十八年度較上年度增加了百分之三十點四，其中經濟建設和科學文教的支出，所占比率雖較上年度有顯著的增加，然消耗性的支出較上年度增加也很多。（實際數目，不便公開，所以從略）

四、四十六年本院那個糾正案列舉可以撙節的開支共計十一類，包括免試升學，對不必要工商業的投資，新政和新機構，有名無實的舊機構，差旅費、印刷費、修繕費、訓練費、考察費和交際費，福利和社會救濟，官舍和公共建築，公務汽車，軍警人數，以及人事經費等。這些事證，當時看來已很驚人，但與現在作比較，則有如小巫之與大巫。

五

那個糾正案從未發表，茲錄其中關於機關汽車一項的意見於下：「公家汽車消耗之巨大，久爲國人所詬病。全省原有此項車輛二千二百六十四輛，分屬於五百零二個機關。前經本院提案糾正，行政院乃設立一專案小組，加以審查，結果減少一百八十七輛。但繼續申請核准者，又有三百餘輛。於是各機關仍有二千三百七十七輛，反較行政院去年年底核減時爲多。而去年核減時僅就逾齡車輛加以報廢，其比例僅爲全數車輛百分之七點二九。足見行政院並無切實核減之決心。查每一車輛以修理費油料費司機薪津及汽車折舊合併計算平均每年消耗如爲五萬五千元，則現有車輛年須消耗一億三千餘萬元。如能裁減半數，則年可節省公帑六千五百萬元。在此二千三百七十七輛中，除三百輛因係新報尚未分類外，公營事業機關占八百三十四輛，縣市機關五百零九輛，中央機關四百七十三輛，省級機關二百九十九輛，其他機關一百四十七輛。如以此數與所有人之機關平均計算，則每機關有車四輛半，可謂奢矣。」

十二年來公家汽車增加了很多，但究竟幾何，手頭沒有資料，不敢武斷，深信爲數一定可觀。

六

過度消費之害，即使最富強的國家年來也不能不有戒心。因爲過多的消費足以引起通貨膨脹，又從而引起物價高漲，復從而引起貨幣貶值。所以美國、英國和法國，都覺得有節約的必要。現請看看他們的做法。

美國最先採取行動，去年元旦美國總統宣布：

一、強制削減美國海外投資十億元。

二、加強聯邦儲備局對外國貸款的控制，估計可省五億元。

三、削減美國在海外的防務和援外等方面的經費五億元。

四、呼籲美國公民不要到不必要的海外地區去旅行，這樣約可減少五億元，而將二十億元美國旅行赤字減至十五億元。

五、立即派遣特使訪問外國首都，商討有關國家與美國間的貿易關係，希望增加美國貿易利益達五億元。

英國更感消費壓力之大，他們的節約措施也較美國的激烈。英國政府在美國節約計畫宣布的半個月後，也宣布下列措施：

一、原定一九七五年撤退馬來西亞、新加坡和波斯灣全部英軍的計畫，提前四年，在一九七一年年底前實施完畢。這樣每年可以節省三億數千萬元。（但對香港仍不撤軍）

二、取銷向美國購買新型戰鬥機五十架的合同。這樣可以節省四億二千五百萬元。

三、取銷國營醫院免收藥費的規定，以後每一診病者須付藥費二先令六便士。

四、取銷對九歲以上學生免費供應牛奶。

本月八日倫敦電訊，報告英國皇室正大嘆苦經。因爲一九五二年國會通過的皇室經費每年一百十四萬美元的購買力，現在只抵當年的一半稍多。女皇爲維持皇室的體制和體面，不得不動用她的私蓄。但以英國目前財政的拮据，皇室的財務人員甚至不敢向女皇建議要求政府當局調整她的經費。

法國面對法郎的危機，在本年十一月二十五日也宣布一連串的節約辦法，包括縮減預算十億美元，重新實施外匯管制、物價管制和工資管制，促進輸出和增加稅收。

其中最激烈的措施，是對匯兌的嚴格限制，例如：法國人和旅居法國達六個月以上的外國人，或訪問法國的觀光旅客，只准帶二百法郎（美金四十元）現金出境。至於外幣，只准帶價值五百法郎（美金一百元）以下。法國人前往鄰國作一次不到二十四小時的快速旅行者，限帶五十法郎（美金十元）。這些限制，都比我們的嚴格。（我們准帶二百美元出境）

七

因為我國經濟建設的不斷進步以及物資和貿易的繼長增高，消費量雖愈來愈大，然幣值幸而還相當穩定。可是近來物價上漲，反映臺幣購買力的縮減，也夠我們警惕了，也應參考他國的經驗，在消費節約方面多下一些功夫了！

因為物價不僅是幣值也是整個財政經濟健康與否的「體溫表」。以臺北市的消費者物價指數為例，如以五十三年作為一〇〇，五十四年是一〇四點九六，五十五年是一〇七點九二，五十六年是一一二點四九，總算相當平穩，但本年四月則突漲至一一七點五四，八月又大漲為一二五點二九，上月雖已稍回，但仍為一二三點六八，比較去年同月漲高百分之九點一七。這種病態不能再說不很嚴重。政府雖已設置物價小組，設法疏導，但是消費如不減少，通貨繼續膨脹，則將如所謂「抱薪救火，薪不盡，火不絕」。可不戒哉！

五十七年十二月十九日

溝通政治管道講究形式技巧

孫以文

民主政治的價值，在於以理性爲出發點，彼此尊重，以合理的方式，促進社會的和諧與進步。因此，不論政府與人民間、利益團體之間或政黨之間，隨時在政治意見上溝通，對問題有共同的認識，才能齊心協力，共同以赴。這種「政治溝通」的工作，對民主國家而言，是一項極爲重要的課題。

名政論家陶百川昨天在《黃河雜誌》主辦的座談會上說，關於「政治溝通」一詞，「溝通」這兩個字用的很好。溝是溝渠，通是暢通，政治溝通便是使政治的溝渠保持暢通。政治，是管理眾人之事，關係到許許多多人的利害，以臺灣而言關係到一千七百萬人民，對全中國而言，更是關係到九億五千萬人民。要管理如此眾多人的事，能不徵求大家的意見嗎？徵求意見的方式，便是溝通政治管道。管道不通的話，執政者便是孤家寡人，其耳目不明，所作所爲得不到眾人的支持，也就無法管理眾人，因此可知，政治管道的溝通，其重要性大矣！

談到政治溝通的形式與技巧，陶百川認爲溝通形式有兩種，一種是意見管道的溝通，一種是人事管道的溝通。前者像文字與言論的發表，後者像考試與選舉的辦理，此二者可達到表達意見、參與政治的目的。至於作法問題，便是政治溝通的技巧了。

陶百川說，由於意見、利益的不同，政治衝突在所難免，甚至會發生政治對立的情形。這個時候政府與人民便要講求技巧，使對立的情勢走上中道，不可使對立擴大。

陶百川特別提出出版法來加以說明。

他說，出版法中對於出版物有相當的保障，當然也有某些限制。例如出版物內容有所不當時，主管單位可依出版法予以警告。但警告有其基本要件，若未達其要件，不宜隨便提出警告，因爲警告三次，出版物便要受到停刊的處分，不可不愼重。

出版物是一項能充分表達意見的工具，如果隨便遭到停刊處分，溝通的目的便無法達成。

至於選舉，也是一項極爲重要的參與方式。陶百川說，最近內政部擬定的選舉罷免法草案，應盡速完成立法程序，頒布實行，使得今後可依本法執行，對於違反選舉罷免法規定的人，可以理直氣壯的予以取締，使違法的人無話可說。

陶百川指出，要維持政治上的安定與團結，主要要注意政治溝通的技巧，那麼便沒有不能解決的問題了。

陶百川最後語重心長的表示，現在我們眞正是處在生死存亡的關鍵時刻，必須要迅速的努力於意見的溝通，齊心協力，共渡難關！

反對限制民代言論免責權

瞿德忻

國策顧問陶百川昨天以疑惑的口吻說，他不曉得執政黨中央修憲策劃小組爲什麼決定要對中央民代的言論免責範圍做出限制？這是沒有必要的；他認爲，現在「應該是鼓勵大家多講話的時代」！

陶百川表示，民代的講話，哪些可以算是在言論免責的範疇，哪些又不可以，都很難認定，逕予限制，原則上就不對了，技術上更有困難。

但是，陶百川並不願就執政黨修憲策劃小組的決策背景來說明，僅表示以他目前的健康狀況，他不能對此事多加評論。另外，在陶百川七十歲壽辰出版的《陶百川叮嚀文存》，其中第八册有一篇名爲〈人民代表對不法言論應否負責〉的文章中，他引用其自著《知識分子的十字架》一書的論點說：「憲法所保障的不必負責任的言論，是否包括不法的言論在內？照一般的解釋，包括不法的言論在內，當然也包括誹謗在內。……但是保障的範圍假使不包括不法的言論在內，那麼那條憲法（指第三十二條）就應該讀成這樣：『國民大會代表在會議時所爲之（合法）言論及表決，對會外不負責任』。這樣的規定，對人民代表能有什麼（特別）保障作用呢？還有什麼意義呢？因爲合法的言論是本來有保障的，不慮法院或其他機關加以處罰。而且人人有這個保障，無所謂對人民代表的特別保障，何勞憲法特加規定？於是憲法該條規定，豈非等於廢話和衍文？制憲的人決不致如此無聊！」

八十三年四月十五日

監察委員的八條座右銘

岳　衡

重要文獻

甫自美國講學歸來的監察委員陶百川，在上週的監院年度總檢討會中，以「監察委員今後怎樣做」爲題，提出了八點意見，其中包括：①監視而不干涉；②明察而不苛求；③糾彈而不怨恨；④諫爭而不誹謗；⑤鼓勵而不諂諛；⑥敬和而不順流；⑦持志而不暴氣；⑧有爲而不有求。陶百川是一位豪氣干雲、見解卓越的民意代表，他的八點意見，堪爲民意代表之座右銘，備受各方重視。

所謂監視而不干涉，是說監察委員是人民的耳目，也是政府的耳目。但監委不是執行的人，他們的任務只是聽和看，而不是代行政機關去執行。所以，監委對全國的行政機關、軍事機關和司法機關連法院在內都要加以監視，對於那些機關的官員、經費和業務都要澈底了解，發現有違法失職的應加糾舉、彈劾或糾正。這是監察院的本分。但是不要熱心過度，進一步替行政機關、軍事機關或司法機關去執行，那就變成了干涉。

明察而不苛求，依陶百川的解釋是：「一個官員如果平時很好，則一時的錯誤是可以諒解的。又對方在大的事情上如果做得很好，對國家很有貢獻，則一點小錯誤，應可准他將功抵過，所以我們不妨明察，但是不要苛求。」

同情悲憫

監委座右銘第三條：糾彈而不怨恨。監委的主要任務是糾舉彈劾，那是依法執行職務，是在執行國家的法律，而不是對對方有什麼私怨、私仇或私見。必如此，才可出於大公。監委辦案，應以同情的態度，悲憫的心腸去調查案子，去了解案情，對對方不利的地方，監委自須注意，而對他們有利的地方，監委也要同樣注意。

陶百川指出的諫爭而不誹謗，必須詳加解釋，讀者方能明瞭。監院有一個糾正權，這在以前就是所謂諫爭。但今天憲法賦與監委的糾正權，達不到諫爭的目的。因爲很多重大問題不是透過糾正方式可以收效的，有時還要尋求糾正之外的途徑，向行政院以外的有關方面要求他們注意改善。

陶百川說：「諫爭有一點要非常注意，就是要對方信任你、佩服你，否則不僅無效，且惹麻煩。《論語》上有一段記載，孔子的弟子子夏曾經警告：『信而後諫，未信則以爲謗也』。所以古往今來有很多好的言論好的建議被抹煞了被誤解了。諫爭的人甚至遭受殺身之禍，原因很多，其中之一，就是上級不信任他，一經不肖分子從中挑撥離間，他就苦了。但要取得對方的信任，僅靠我們單方面的努力沒有用，還有一部分責任在對方。因爲我們卽使做到天公地道，絕對善意，但若對方硬是不信任你，要曲解你，要對付你，你也沒有辦法。所以我們在諫爭時千萬要注意，不要有誹謗的意味。」

鼓舞力量

監委座右銘第五條是鼓勵而不諂諛。陶委員自承他在過去很少鼓勵官員，因爲鼓勵和歌頌究竟不是監委的任務。監察院是外科醫院，職司開刀，不是那些療養院、衞生院，供給一點維他命或營養劑。

但年來他覺得鼓勵的力量有時大於糾彈，所以有時也替一個彈劾案裡的好人發言。

陶百川說：「在這方面，我們不能做得太過分，不要把政府人員寵壞了。至於諂諛和逢迎，那是小人的勾當，我們不要把它和鼓勵混淆了。」

「敬和而不順流」乃是陶百川自撰的，由兩句成語合在一起：一是「敬而不順」，二是「和而不流」。

監院是五院之一，不是漂流在荒島上的魯濱遜，它與其他機關之間應該和睦協調，而監委同仁之間也應和衷共濟，但是大前提是和而不流，絕不能同流合污。

敬而不順就是孔子所謂：「爲人臣止於敬」、「忠焉能不誨乎」的意思。

信條第七：持志而不暴氣。監察工作是風霜之任，常須找人麻煩，人家自然要恨他，所以監委之遭受毀謗和鬥爭，乃是意料中事。對於橫逆之來，應該如孟子所說，堅持他的氣節，但不可感情用事，以暴還暴。

建立權威

第八條是有爲而不有求。陶百川深一層解釋說，監察委員應該要有作爲，但不得有什麼干求。有爲就是有作爲，該彈劾的就彈劾，該糾舉的就糾舉，該糾正的就糾正。有求包括求名、求利和求官。有爲與有求是衝突的。要求名、求利和求官，就不可能有作爲。

監院權威的建立，要靠多數監委的清望，假如清望垮了，監院就不會有作爲了。監委個人的無求——不求名、不求利、不求官，乃是建立監院權威的主要因素。

以上八個原則，每條都包含兩點：例如第一條的第一點是「監視」，乃是積極的，第二點「不干涉」，是消極的。監委千萬不可太顧慮消極的而放棄積極的。這是說，監委不要因爲不干涉而放棄監視，不要因爲不苛求而放棄明察，不要因爲不怨恨而放棄糾彈，不要因爲不誹謗而放棄諫爭，不要因爲不諂諛而放棄鼓勵，不要因爲不順流而放棄敬和，不要因爲不暴氣而放棄持志，不要因爲不有求而放棄有爲。

五十七年十一月十五日

監察院創例一案三糾正

顏文閂

監察院經濟委員會昨天決定就吳石清申請砍伐證案向行政院第三次提出糾正案，這是監察院自成立以來首次為同一案件提出三次糾正案。

經濟委員會是討論監察委員陶百川及熊在渭兩人所提的一項審閱意見後，同意他們的建議，而決定向行政院提出第三次糾正。

二十多年來，監察院提過不少糾正案，也曾為了同一案件提過再糾正案，但從未三提糾正案，因此，陶、熊兩委員事先曾就監察院有關法令審慎研究，認為再糾正案在監察法中雖無明文規定，惟監察法及監察法施行細則均有規定，倘糾正案提出後，逾兩個月未見改善與處置，監察院得質問之或決議以書面質問之；認為尚須查詢者，得行文查詢或派員調查，故提再糾正案或第三次糾正案應無不可。

此次經濟委員會決定提出第三次糾正案，不但為監察院創下了為一案件三度提糾正案的例子，而且說明監察院重視人民權益的精神。

商人吳石清向監察院陳情稱，由於林務局逾期發給他欅木砍伐證，使他無法採伐，預售的木材，因此無法交貨，致被控詐欺罪，判刑三個月併賠償新臺幣七百餘萬元。據他估計，以當年應採伐的櫸木比照現值最低價錢計算，林務局應補償他新臺幣九百三十九萬元。

行政院對於監察院的再糾正案曾提出答覆，認爲吳石淸應依循法律途徑向法院提出訴訟，請求賠償，如經確定裁判林務局應爲賠償之給付，省府自當辦理。

監委陶百川及熊在渭在這項覆文的審閱意見中，對此項答覆大不以爲然。

他們指出，欠債還錢，此乃天經地義，而「行使債權，履行債務，應依誠實及信用方法」，已成爲社會規範，債務人對應還之債自不應推拖敷衍，更不得刁難逃賴，私人如此，政府對人民尤應如此，省府既已承認對吳石淸的債務存在，更應當自動償還，不得逕囑其向法院提出訴訟。

陶、熊兩委員又說，吳石淸請求賠償九百餘萬元，雖然數目龐大，但省府及林務局所提的補償原則，仍失之過苛。（據估計僅六、七十萬元）

據了解，監院經濟委員會對本案除決定提第三次糾正案外，並將追究此事的責任。

中國監察制度的特色

——在國立政治大學講詞

劉校長，各位先生，各位同學，今天有機會到貴校演講，感到非常榮幸。貴校爲我講話請了好幾次：校長親自約我；同學也有找過我的，再三約請之下，盛情難卻，便答應到貴校來。以此比之諸葛武侯之三顧茅廬，雖差可比擬，又未若白居易之〈長恨歌〉「千呼萬喚始出來」要來得恰當。我很忙，在監察院裡工作雖然可多可少，但我是想多做事的人，所以我每天忙得不可開交。我很少演講，卻常常寫文章，一般我所講演的一定是①有趣的；②有教益的；③多聞廣識的題材。我之爲文乃是救國救民或爲君、爲民、爲事、爲物而文，非爲無病呻吟之爲文而文者。

在我出國兩年間，有一次向美國一所大學研究亞洲問題的學生講演中國監察制度，因爲中國文化足以爲西洋人取法參考者，不只在書畫藝術或有名的太極拳、中國菜而已，就是中國政治制度有許多地方是可以稱道的，尤其監察制度是中國制度之重要一環，所以外國人非常嚮往而極欲知道的，我也樂爲之談。我有一篇關於中國監察士的文章登在美國一本法律評論裡，我今天就以這個題材向大家報告！

從前，我國每省有一監察委員監督各省之行政，並伸張民意，保障民權。目前在北歐各國等地區也有這種監察人員替人民控訴，並調查官吏的違法失職，如有侵犯人民權益者，對事加以糾正，對人加以糾彈。監察士代表國會，由國會推舉出來的。在英國監察士尚未建立起來，而在美國國會，紐約州、加州則已有議會議員提議：應有 Public Protector 之設置來代表人民控訴。

長話短說，以監察士與我國之御史制相比較，則前者不過一百五十年之歷史，較之我國早期制度則尚屬年輕。我國監察制度之精神自秦始皇始，演變至目前監察委員之形式已有兩千多年的歷史了。當時秦始皇有兩種防患未然的措施：一個是防禦國外敵人之入侵；另一種則是以御史制度來監察官吏之失職枉法，以維護其政權。但是由於秦始皇在其他方面有許多過於苛刻暴虐或失策的地方，而未能與此御史之美制相配合，所以傳至二世，就使其亡了國家。到了唐朝，把御史分為三院：一、天院——對皇帝建議，二、大院——監察中央大吏，三、察院——監督中央官吏以外者，即對地方之官吏有失官常者加以糾正。迨至清朝，對於監察制度更加重視，因為他們懂得其中道理，深諳此一制度對於國家、對於朝廷、對於君主皆有莫大利益，所以他們對御史制度才必恭必敬的留傳下來。

《孝經》有一篇〈諫諍章〉，謂御史應對皇帝直爲諫諍。譬如一個孝子，是否要唯唯諾諾地服從其父母之命令？當然未必如此。對於不義之事，不可不諍於親，亦不可不諫於君，能如此，方爲大義。國家應該秉正之人，唯有直諫正對，當局者才能發現其錯誤，並提醒其改進。諷勸糾舉是孔子的道理，以此道理爲燈塔而發言，則可義正辭嚴，理直氣壯矣！

或謂監察制度有用否？最近監察院不時開會，有許多常來的客人，大都是外國有名的大學教授；前幾年，哈佛大學校長亦來此研究我監察制度。我從前也在哈大唸過書，那時我促其共同研究此一制度，他返美後覆函甚表同意，並謂監察制度之靜態研究已略知其奥，而今宜注意動態之研究。一般人會提出兩種問題，謂一、監察制對人民有益否？二、每遭困難能加以克服嗎？我則答曰：監察之制必然於民有益，所遇困難雖不能完全解決，也可以克服相當的困難，而有其存在的價值。

最近，年終檢討會中，我曾公開批評一件刑事案件處理之過當。有位姓江之國大代表從香港來臺參加總統選舉投票，是日上午投票方畢，下午卽爲調查局人員帶走，以其過去有串通行爲而被判刑五年；我曾就以此案件發表一篇文章登於報刊，表明總統「不是敵人，便是朋友」的偉大號召，並說明他不辭千里而來爲國效勞之精神，應不究其既往而予以釋放，才是上策。翌日，獄卒見報語江氏曰：出獄有望矣！不久，總統果然下令赦免，並恢復其原來自由，且可任意出境。我以爲，姓江者，倘歿於獄裡，是一件損失，將他釋放出來，對於政治號召，國家前途必大有裨益，所謂近者親，遠者徠，天下歸心，四海投靠者也！

是以，監察制度應該維持下去，且須發揚而光大之。假若此一制度能夠徹底實行下去，不但可以減少政府之錯誤及保障人民之權益；只是我們宣傳不力，一般外國人對於監察制度之印象都不夠深刻。正值中國文化復興之時，應向國內外宣傳我幾千年的傳統文化，不僅要宣傳我藝術品的輝煌，更要發揚我政治理論、政治制度以及多種典章制度、風俗習慣的燦爛，並藉此提高我國在國際上的地位與聲望。曩者，我赴日赴美求學深造，有人笑我：國家多難的時候，還跑出來讀書。那是三十幾年前的事了，國弱被人欺，雖義憤亦無可奈何！如現在再去，則不同了。因爲近來他們對我國五千年文化之特質有了更深刻的見識了。

中國文化復興運動要靠我們高級知識分子來發揚光大，這是我們承先啓後的責任，實責無旁貸。聽說貴校政治研究所設有博士學位，我在此建議，多以中國政治理論、中國固有哲理爲題材，對典章制度加以發揚闡述。各位如在政治研究所倘以監察制度或以 Inpeachment 爲研究的對象，監察院願意爲各位幫忙。我相信，由於各位的研究，對我文化的發揚將有很多的貢獻！

爲監察委員「塑像」

臺灣省議會及臺北市議會，將在本月十五日投票分別選舉十位監察委員，現任監察委員陶百川，對於此項選舉特別重視，他認爲這十位新的監察委員選出後，將爲監察院帶來新精神，增加新力量，進而促使吏治更健全，政治更良好。

但是，陶百川認爲，監察委員的人選如果不適當，即使再增選十人，仍難發生作用，所以最近他在一篇文章中，特別提出作爲一個監察委員所應具備的積極與消極的條件。

積極的條件是：

——要有仁愛的心腸，能夠人溺己溺，推己及人。

——要有服務的熱忱，肯管事、肯說話。

——要有超人的勇氣，不畏苦難，不避權勢。

消極的條件是：

——不可有汚點或劣跡落在他人的手中或心目中，否則就不可能有勇氣和道德的聲望。

——不可經營企業或執行業務，否則可能以私害公，而有求於人便易爲人所制。

——不可過奢華的生活，而要在國家給他的薪俸中量入爲出，不僅他本人而已，他的家屬也都要克勤克儉。

——年齡不可太大，否則不獨銳氣銷蝕，難當「風霜之任」，而且精力也不能應付繁重的案件、信件、資料、接談和會議。

陶百川說：古人所以把監察工作譬作「風霜之任」，是說那種秋風和秋霜富於肅殺之氣，而無取於唯唯諾諾，嘻嘻哈哈或婆婆媽媽。

據說，陶百川的這篇文章，已被臺灣省監察委員候選人陳少廷，印送給省議會的全體省議員。

陳少廷此舉，其含意自不難理解，但對省議員的投票，能否發生影響，尚難預料。

不過，就參加競選的候選人來看，能完全具備陶百川所說積極與消極兩種條件的人，似不太多，特別是消極方面的四個條件，但這些條件，卻又是作爲一位欲思有所作爲的監察委員所不可或缺。陶百川當了二十幾年的監察委員，他所說的話，應屬經驗之談。

六十二年二月十一日

「人間那裡有青天」

《徵信新聞報》

「我願君王心，化作光明燭，不照綺羅筵，但照逃亡屋。」監察委員陶百川，昨日在監察院總檢討會議上，引用白居易的這首詩，籲請政府的施政方針和措施，要多爲窮苦民眾著想。

陶百川說，國防部蔣部長最近在國軍文藝頒獎典禮中致詞，勉勵作家要多爲國家民族寫，多爲氣節正義寫，多爲窮苦民眾寫。最後一句，令人有清新之感。富貴中人，假使都有此心此志此事，國家有福了。

陶委員說，中華文化傳統精神，一向都注重照顧窮人，現在世界各國，也都如此。詹森總統的大社會計畫，是向貧窮挑戰，也就是照顧窮人。

然而，陶百川指出，我們的施政，對窮人的照顧，雖很注意，但還應該更進一步去做。

他舉例說，最近報載臺大醫院的血庫發生恐慌，原因是賣血人突然減少。爲何突然減少，他查了一下，原來是血價太低。

他說，賣血的都是窮人，兩塊錢一西西，這是十年前的老價錢，十年來，物價漲了很多，可是血價卻沒有調整。

陶百川又以糖價爲例指出：美國的糖是進口的，臺灣的糖是出口的，但美國的糖比臺灣便宜得多。他說：他查了一下，臺灣白糖的出口價格每磅僅合臺幣五角六分，而國內售價每磅高達五元三角，相差達十倍之多。

他說，我們是一個產糖國家，爲何要如此苦待自己的同胞呢？這難道是民生主義的理想嗎？

陶委員又說：現在世界文明國家的第一件工作，就是建造平民住宅，政府爲市容計，拆除違建，原則是不錯的，但對違建戶應有妥善的安置。

陶委員認爲，臺北市的紅綠燈太少，步行的老百姓，常常在十字路口，任由計程車擺布。他說，警政當局，爲何不爲沒有車的人想一想？

陶百川建議臺北市政府，多添購幾部公共汽車。他說，臺北市的公共汽車愈來愈擠，有一天他在羅斯福路等公車，等了十二部還沒有擠上，實在太不方便了。

陶百川說，他在美國時，曾看了「秦香蓮」這部電影。秦香蓮因冤屈不伸，唱了一段黃梅調，內有一句是「人間那裡有青天」，而她終於見到了一個包青天。今天的臺灣有沒有青天呢？有的，可是卻給一些雲霧遮住了。因此他呼籲他的同仁們，共同起來，撥開雲霧，讓老百姓見到青天。

五十五年十月十九日

監委辦案不可搶先

《徵信新聞報》

監察院一年來工作總檢討會議於昨日上午在該院舉行首次會議，監委陶百川提出六項意見，認爲監委行使職權應自我約制，不得任意搶先。他提出六項原則：

一、對於行政機關尚未實施的措施，監察院以不調查爲原則，自更不宜遽加糾正。

他舉例解釋說：鐵路局於九月底加價，他曾提案主張調查，但票價在沒有決定之前，並不調查，因爲他們還在考慮之中。鐵路局爲了加價，要請示交通處，交通處請示省政府，省政府又請示行政院，已經很複雜，假如在那個時候，監察院也插入一腳，說加價應該或不應該，這等於是干涉行政，與干涉司法一樣不妥當。但是，現在已經加價了，監察院就可以調查，看看加的對不對，這是在事後，不在事前。

他說，有些事如果在事前非調查不可，但絕對不可糾正，行政機關沒有做，監察院就當頭一棒，這是很不妥當的。

二、對於行政機關的營繕工程或購置定製變賣財物，如果尚未決標，監察院如接獲控狀，應先交審計部注意或查覈，不宜遽行調查，自更不宜遽加糾正。因爲這與審計部稽察程序的責任與權力重複，容易發生流弊。

他說，行政院或審計部假如辦得有毛病，等到事後再糾正，再糾彈也不遲，如果標還沒有決定，監察院就說這個標應該那個得，那個標應該那個得，無論對行政機關或審計部都很不好，而且也是越權。

三、委員在查案或在行使監察權的其他場合，如對對方有所批評或建議，應先聲明的是他個人的意見，並不代表監察院。

他說他常常聽到有些委員在查案時就發表對這個案子的看法，或者指示這個案子如何辦，如何改正，甚至出來調解。他覺得這些做法，縱然不可避免，但亦不能讓對方誤會這是代表監察院的意見。

陶百川說，監察委員查案，只能把事實弄清楚報告到監察院，至於應該如何做，那是院的事，在調查時不可單獨表示結論。

四、委員或職員的調查報告如須送與有關機關查照或研辦，一概應送經監察院有關委員會審查及決議，不能由調查委員送給院長批一下，就要那個機關如何如何辦。

陶委員指出，有些送請有關機關查照或研辦的案子，實際上應該是糾正案，但有人害怕糾正案程序麻煩，或者怕通不過，而另開旁門送給院長批了，叫行政機構去研辦，是很不妥當的。

他說他查了一下，過去一年中，有二十一個調查報告是用這種方式送出去的，有的調查報告送出以後，發生了很嚴重的糾紛，這使監察院很爲難。

陶百川說，他的同仁之中，有若干人喜歡息事寧人，不願意把事情弄得太僵，所以只將調查報告送給行政機關參考研究，這樣做未嘗不可，但必須送給委員會審查。

五、法院的確定判決如經認爲應經最高法院檢察長提起非常上訴的，應將事實和理由送經監察院司法委員會審查和決議。

他說，如果某一個委員認爲最高法院決定的某件案子不妥當，就請院長批送最高檢察處要他提起非常上訴，這個後門開得太大了。

陶百川說，假如最高法院的判決違法，照刑事訴訟法的規定，監察委員可以提請非常上訴，但這個權不宜輕易使用，不宜隨便使用。

六、送請司法院解釋的案子，在院會通過前，應先經司法委員會或院會所推委員的審查及決議。因爲院會人多，討論這種微妙複雜的法律案，難免不夠週詳，多經過一道程序，比較妥當一些。

陶百川說，他提出的這六點辦法，並不是想要削弱監察委員的職權，而是想建立制度，庶幾不致失出失入，太寬太嚴。

五十六年十月十八日

（附載一）監察權的分際與自我節制

——論陶百川委員的檢討意見

《聯合報》社論

監察院現正進行一年一度的年終總檢討會。在前天的一次會議中，監察委員陶百川先生，曾提出了極有價值的卓見和讜論。他所提意見的基本要旨是：監察委員對監察權的行使，應該自守分際，不可任意逾越。譬如他主張對於行政機關尚未實施的措施，監察院應以不調查爲原則，自更不宜遽加糾正；又如對於行政機關的營繕工程或購置定製變賣財物之尚未決標者，監察院如果接獲控案，應該儘先交審計部注意或查覈，也不宜遽行調查，更不宜遽加糾正；他又認爲監委在查案或在行使監察權的其他場合，如果有批評或建議，應該先聲明是他私人的意見，並不能代表監察院，因爲監委只能調查事實，在調查時不可單獨表示結論。此外還有幾點相類似的意見，茲不贅述。

陶委員上述的這些意見都與監察委員的調查權有關。調查權原爲監察權的一種附帶權力，蓋監察院爲行使憲法所規定的彈劾、糾舉、以及糾正等法定權力，一定得先作事實的調查，和證據的蒐集；並不像過去的御史只憑風聞就可以言事，並提出彈章。調查權既屬執行監察權的一項必要手段，就必須愼重和適當的使用，而不可任意濫用。實際上社會輿情歷來對若干監察委員行使調查權的未盡妥善，已經多所詬病。現在陶委員的意見則是在一個更新的角度上，要求監察委員自行掌握調查權的分寸和限度，確有其很好的立意和作用，値得我們重視和讚佩。

也許有人以爲，爲了防患於未然，對於行政機關尚未實施的措施，如果認爲不當，監察委員何以不能立卽調查和糾正，而一定要等它確定和實行以後，再加補救？再者對於接獲尚未決標的有關營繕工程等的控案，監察委員又爲何不能逕加調查或卽予糾正，以迅付機宜？對此陶委員已有所說明，但我們還要加以補充的是，這就是崇法務實精神的確實表現。監察院雖職司風憲，但自有其法定的職權範圍，絕不可能包辦和替代所有國會機構的一切監督糾察責任。一個行政措施的成立，其是否得當或有偏失，一方面有它上級機關的審核，另方面凡特殊重要或有關政策性的措施者，自必經過立法院的審議和決定。在這個階段如果監察權卽已插手其間，不僅干涉了行政權，且亦侵犯了立法權，這和監察權之不宜干擾司法權，爲同樣的不妥。因爲在司法審判方面，司法本身已有三級三審的救濟程序，除非司法官貪污瀆職，監察院實無權加以干涉。至於第二個例，則正像陶委員所指出，自有審計機關可加處理和補救；如果監察委員在事先卽越俎代庖，必然要增加程序上的混亂。

我們之所以要對陶委員的這些意見喝采，還不僅在於他的觀點內容之正確，而更在於他所顯示的精神，實在予人以淸新之感。民主政治的主要特徵之一，便是自我節制，尤其是權力運用的必要規約。現在的實際情況是，每一個機關唯恐不把自己的權力擴展得更大，提升得更高。法定範圍以內的權力固求其不斷的伸長，法定範圍以外的權力也要千方百計運用各種藉口來加以攫取。要做到守法守分，自我約束，實非易事。作為一個監察委員，陶百川先生一直以勇於任事、敢於擔當著稱，難得他所具有這一份理性的熱情。唯其理性，才能明澈於自己的責任及其職權的應有範疇。因此，陶委員的建議，不僅監察委員們應該接受和改進，同樣也值得別的一些人的反省和實踐。

《中國論壇》

五十六年十一月九日

(附載二) 陶百川怎樣做監委?

前不久，監察委員陶百川為了根絕國民學校的惡補，翻遍了有關的資料及教育法令，後來還移樽就教，訪問臺北市教育局，以瞭解實際問題。最後，他在監察院院會提案，主張今後發現惡性補習，地方教育行政人員，包括教育科局長、督學、校長，都要負連帶責任。

陶委員這種苦戰惡補的經過，經報紙報導後，有人寫短評指他「挖空心思」。

「挖空心思」！在那篇短評裡頗有挖苦陶委員的用意。可是有人看了拍案叫絕，因爲用「挖空心思」來形容陶百川多年來在監察院奮鬥的情形，眞是最恰當不過。他無時無刻不在挖空心思，爲監察院也爲國家效勞。

多年來，監察院內外，都稱陶百川爲「明星委員」，這個明星可不容易當。在國民大會、立法院、監察院三個構成國會的機構當中，監察委員的平均水準被認爲是最高的，一者監察院人少，容易做到重質不重量，再者，監察委員是由各省參議會選出來的，其「選民」水準較高。在較高水準的機構當中，要做個「明星」並不簡單。「文人相輕」自古已然，民意代表都是一般大，雖然未必相輕，但是要說某某人特別傑出，恐怕不容易獲得大家的認可。而陶百川在監察院卻被公認爲最傑出的監察委員。

做一個傑出的監察委員可眞不容易，他必須頭腦清楚，學識淵博，有擔當，有責任感，能說善道，筆下功夫也要好，而更重要的是：本身必須沒有毛病。否則你怎麼職司風憲？怎麼提出義正辭嚴的糾彈案件？

上面所列舉的這些條件，陶百川都具備了。更難得的是，他眞正是「人情練達」，使人覺得容易親近，卻不隨波逐流。監察院裡，有人做壽要大肆宣傳，半個月前就發預告，有人忙著送喜幛輓聯，也有人忙著周旋於交際場合。陶百川卻不喜歡把時間浪費在這些地方。但是他絕不是不近人情。有人寫信給他，訴說自己受了寃屈，以致生活陷於絕境，請他伸張正義。他常會先寄幾百元救急，然後開始查案。所以，如果要衡量他的人情標準，活動力強的政客會覺得他不近人情。因爲他的標準是：要雪中送炭，勿錦上添花。陶委員並未把這個標準掛在嘴邊，但是，他平常所做所爲，正是最好的說明。

在公務方面，陶百川常常承受那些吃力不討好的重大案件。而監察院的聲威，監察制度的確立，就在他以細心而嚴正的態度處理那些案件時，慢慢的形成。如果去掉他調查的案件和他在監察院發表的意見，監察院可堪稱道的，也就沒有多少了。

陶百川雖然不斷替國家做清道夫的工作，並以貪汚舞弊、違法失職爲清潔工作的主要對象，但是他糾彈某一官員時，卻常常提到該官員的其他優點，乃至太息不已。最近，他提案彈劾了一位涉嫌濫用職權的檢察官。在查案時，他從各方面去了解，發現這位檢察官年輕正直、苦幹，而且廉潔，分析事理也頭頭是道，是一個基本條件相當好的司法官。因此，在彈劾案提出前後，陶委員曾不只一次的說：「就事論事，我非彈劾這個檢察官不可，但是，我實在喜歡他。」

了解監察院情況的人都知道，監察院的暮氣越來越重，以替政府官員護航爲職志的委員，除了開會時偶爾出席點綴以外，不認爲監察院有什麼事值得做，有的委員雖然很想做事，都因年事已高，或力不從心，或格於客觀形勢，而心灰意冷，態度消沉。只有陶百川，永遠是生龍活虎，他不是不知道監察院處境艱難，也不是不知道單憑他一個人的力量，很難在整肅政風方面，發生太大的影響。但是他永遠不消極，自去年從美國回來以後，即全心全力爲監察院工作。剛回國的時候，他和以前一樣，先只參加司法委員會和外交委員會，一方面了解他離開臺灣兩年當中，國內情形的變化。到了去年年終檢討會，無論在外交，政治，及審計方面的檢討，他都提供了獨到而透闢的見解。除掉陶百川的發言，總檢討會將是乏善可陳。

在查案方面，陶百川也是「案債」纍纍，在新年度中，他除了參加司法委員會外，監察院十個委員會他幾乎全都列席。而且都很賣力，有時某委員會正式的委員反而不像他出席得那樣勤快。甚至在推派委員調查案件時，都推到這位列席委員。

目前，監察院正在調查的幾個大案中，陶百川都有一份，例如油商行賄案司法程序的調查，大同公司與海軍總部的民事糾紛，梁序昭出售駐韓使館地皮的糾紛，國內糖價上揚的眞象，他無案不與，另外一些零零星星的案件，更是數不清。所以整天看他忙個不停。忙著調查案件，忙著看資料和研究資料。目前政界酬酢成風，陶百川卻很少參加應酬，晚上打電話給他，都是他自己接，他常常把案子，把問題，帶到家裡研究，他爲監察院，一天到底工作了多少小時，恐怕他自己也數不清。

除了忙於查案外，陶百川也常要抽出相當多的時間接見客人，看各方的信函。最近，有很多到監察院告狀的人，都喜歡直接找陶百川，寄送訴狀時，往往送監察院一份，送陶百川一份，親自到監察院陳情時，則先問那一位是陶委員，如果找不到，不是跑到他家裡去，就是寧願下次再來，由此可見一般民眾對陶百川的依賴。他們希望自己提出的書狀由陶百川處理。因此在監察院或在家裡，他爲見客可眞花了不少時間，而他所約見的，多數是市井布衣，很少達官顯貴。而且，常常可以看到他手裡拿著厚厚的一疊信件，那些信件他雖不一定全部自己提筆作答，卻得看一遍，並決定處理辦法，再交給一位監察院職員處理。

正因爲陶百川對各種問題都有深刻的了解和獨到的看法，他手上的案件又多又重要，採訪監察院的新聞記者，都把他當做新聞寶庫，而他對新聞界的親切友好，也是其他委員所不能比的。但是他絕不是風頭主義者，他從未拜託新聞記者爲他發消息，他只是深切的了解記者的職業需求，而不讓向他採訪的人失望。

五十六年四月十五日

(附載三) 詩美陶委員

佚　名

監委陶百川先生有致某先生函答覆對其指出監院擴權之說，語重心長，備見公忠體國之意，詩以美之。

聞風御史能彈劾，今孰嫌宏監察權。
一旦無人司諫責，柏臺何以對先賢？
萬人頭上仰青天，風骨嶒崚歷史傳。
我敬陶公真氣度，山容拳壤海容川。

地方審計制度的說明辯論及其釋疑

——監察院地方審計制度研究小組意見書

本院於民國三十九年令飭審計部開始審核中央政府年度總決算，頗著績效。至民國四十二年，本院認為該部有進一步審核臺灣省政府及各縣市政府年度總決算之必要。但因臺灣省審計處早經裁併，而各縣市依法尚無審計機構，本院除就恢復該審計處問題加以研討外，曾於四十二年十二月向立法院提案修改各項有關審計法規，主張於各縣市單獨或聯合設立審計室，隸屬於省審計處，辦理各該縣市之審計業務。至於地方審計機關與地方議會及地方政府之關係，亦在修正草案中有所補充。現該案尚在立法院審查中。

關於恢復臺灣省審計處者

民國四十二年，立法院院會決議：「查審計部駐臺灣審計處裁併後，所有臺灣省各級政府及所屬機關財務之審計，係由審計部辦理。惟該部以人員經費所限，工作多未能全部展開。應請審計部依審計法第五條之規定，籌劃辦理。」（立法院審議四十三年度中央政府總預算案審查報告

書己項第三點）

按現行審計法第五條規定：「各省政府院轄市政府及縣市政府暨其所屬機關財務之審計，由審計部就各該省及院轄市所設之審計處辦理之。」立法院既囑審計部依該條規定辦理，自以爲臺灣省審計處有恢復設立之必要。彼時本院正就恢復審計處抑在審計部內增加人員兩案，加以研討，迨見立法院該項決議，乃決定恢復臺灣省審計處，以便與立法院之主張趨於一致。

同年，臺灣省政府致函審計部，以准臺灣省臨時省議會函稱：「查各機關之決算報告，省政府於彙編總決算案後，應先送審計機關審核後，送本會提出報告。惟省政府尚未依法辦理，應請省府洽請審計機關辦理，以符法定程序。」

其時四十三年度即將終了，而該年上半年省級機關之歲入歲出總決算之審核，亟待辦理，故審計部乃派審計兼駐國庫總庫審計室主任王肇嘉爲臺灣省審計處處長，即日籌備成立。並於四十四年三月七日呈准本院備案後，分函行政院及臺灣省政府查照，並轉飭所屬知照各在案。

但前述追加預算，迄未獲立法院核准。至該審計處四十四年度預算，經行政院參照追加案，編列常年經費七十一萬餘元，咨送立法院審議。立法院將其數額減列爲七十萬元，但規定：「此項事業費作爲審計部籌劃辦理臺灣省地方審計業務費用」，而未照原草案列爲審計處之費用，在執行上因感困難。本院乃於四十四年十月函請行政院轉請立法院准予追減追加。（在審計部經費中減列七十萬元，而將其追加與該審計處。）但迄今猶無結果，而距立法院恢復審計處之決議，已瞬將兩年矣。

迄今審計處雖已成立，然因上述審計部之七十萬元經費無法動用，以致一籌莫展，而臺灣省及各縣市之財務審計及決算審核，因而頗受影響。故上述追減追加問題，殊有早日解決之必要。

關於設置縣市審計室者

至縣市財務之審計，依現行審計法第五條規定，本應由省審計處兼辦。但省審計處之法定員額，最高僅為四十六人，昔在大陸時期，以之兼辦所屬縣市審計，本感顧此失彼，不易達成任務，但因彼時並不辦理年度總決算之審核，省審計處尚可勉強應付，今後如須審核年度總決算，則原有人員自感不敷分配。試以臺灣省而論，每年在同一時期（假定為每年一月至三月）必須趕辦省及所屬各縣市共計二十三單位之年度總決算審核報告，而此報告係總結全年財務狀況，須請有關省縣市議會公開審議，審計人員且須列席說明，該項報告最後並須公布，自不能稍涉敷衍，故以省審計處兼辦縣市審計，事實上頗不可能。因此本院乃建議增設縣市審計室，受省審計處之監督，辦理縣市審計業務。

但因縣市有大小，收支有繁簡，本院並不主張小縣小市亦須單獨設置審計室，故在修正草案中建議「得分別或聯合設立。」由本院予以決定。

至縣市審計室之員額，草案主張至多不得超過十五人。

關於年度總決算之審核者

地方政府年度總決算應如何審核，如何公布，以及與地方議會之關係，本院草案亦有所建議。茲參照有關法規述其要旨如左：

一、省縣市政府應將年度總決算於該年度終了後六個月內編送各該管審計機關依法審核。

二、審計機關接到前項總決算報告後，應於三個月內完成其審核，並編印審核報告書。

三、前項審核報告應送請同級議會審議，並呈報上級審計機關。

四、議會對決算報告或其他財務審核事項如有疑問，審計機關應加說明或答覆；議會如需要有關資料，審計機關應予供給。

五、議會如發現審核報告或其他審計報告有錯誤時，得請審計機關依法舉行再審查。

六、議會對財務行政如有意見，得請審計機關依法處理。

七、審計機關認爲不法或不當之收支應予剔除及追繳者，或應付懲處者或未盡職責或效能過低應予告誡者，均應呈報其上級審計機關轉請監察院依法處理，並在年度總決算審核報告書中報告於議會。

八、年度總決算經議會審議後，移送同級政府公布之。

如上所述，地方審計機關對總決算所行使者爲審核權，此項審核權（或審計權）自應獨立行使，不受干涉，庶能發揮「財務司法」之效能，善盡監督預算之職責。至議會所行使者，則為對總決算及其審核報告之審議權，其權力之範圍，有如上列第四第五第六及第八等項之規定。

此項權力之劃分，完全取法於現行中央審計制度。在此現制中，立法院掌有審議權，而審核權則完全為監察院之審計部所行使。但審計部雖屬於監察院，而其職權則獨立行使，不受干涉。

關於改制論之評述

在立法院審查本院上述修正草案時期中，有人提出所謂改制論，主張省縣市之審計權，不屬於監察院之審計機關，而應分別改屬於省縣市議會或政府。改制論者亦主張省縣市可設置省審計處及縣市審計室，但其首長人選主張在省應由行政院提名，交省政府咨請省議會同意任命之，在縣市應由省政府提名，交縣市政府咨請縣市議會同意任命之。亦有主張逕由省縣市政府提出人選咨請同級議會同意任命之。其理由據稱有如下述，茲與本院見解一併論列如左：

一、改制論者以為憲法第一百零五條規定：「審計長應於行政院提出決算後三個月內依法完成其審核，並提出報告於立法院」，其列舉審計權行使之範圍，僅以中央決算為限，而對地方決算既隻字未提，因可推知審計長不過問地方決算，亦即不應兼辦地方審計云云。

查監察院之審計權乃係憲法第九十條所授予；該條明定：「監察院為國家最高監察機關，行使同意、彈劾、糾舉及審計權。」憲法並未將此審計權授與其他任何機關，足徵憲法係將整個審計權（包括中央及地方）授與監察院一個機關。故如有其他任何機關分掌此審計權，其爲違憲，殆毋庸疑。

改制論者所提出之憲法第一百零五條，乃係限制審計長審核決算之時間，並規定其與立法院之關係，而不能卽認爲審計權之行使僅以中央爲限，且僅以審核中央決算爲限。蓋果如改制論者之推斷，審計權僅得行使於中央，則地方審計應由何人辦理，憲法豈能無明文規定！而審核中央決算以外之中央審計業務，審計長且將無權辦理。此實爲法理及事實所不許。足見憲法第一百零五條係就中央決算審核一事之時間及與立法院之關係爲明文之規定而已，其無意限制審計權之直貫至地方或限制審計長之兼辦中央決算審核工作以外之一般審計業務，殊不容疑。

且吾國自監察院掌理審計以來，其審計權一向直貫至地方，若制憲國民大會果有將地方審計於地方自治完成後，改歸地方政府或地方議會掌理之意，豈有不在憲法中明文規定之理！而制憲時亦必有人提及此項主張。惟其因爲監察院之審計權應本向例直貫至地方，故制憲國大代表中並無一人一言加以反對，而憲法乃無以衍文規定貫至地方之必要矣。

二、改制論者引證憲法第五十三條：「行政院爲國家最高行政機關」及第六十二條：「立法院爲國家最高立法機關」，因而謂行政院不能因此代替地方政府辦理地方行政，立法院亦不能因此代替地方議會立法，從而推定監察院亦不能將審計權貫至地方。殊不知行政院之所以不能代替地方政府辦理地方行政，乃因憲法以第十一章（地方制度）限制其權力之行使範圍，因而乃有其他機關（省縣市政府）依據憲法行使其地方行政權。立法院之所以不能代替地方議會立法，乃因憲法第一百十三條規定：「屬於省之立法權由省議會行之」及第一百二十四條規定：「屬於縣之立法權由縣議會行之。」而監察院之所以秉掌地方審計權，卽因憲法並未以審計權授與地方政府或地方議會，因而地方審計權自必專屬於監察院，此法理之至明者也。

三、改制論者苦於在憲法中不能獲得監察院不得秉掌地方審計之根據，於是乃以地方自治爲言，而謂：「憲法第十章『中央與地方之權限』，對於省縣財產之經營及處分，省縣財政及省縣稅，省縣債及省縣銀行，規定分別由省縣立法並執行之，是明示省縣財政屬於自治範圍，脫離中央財政而自成系統。在此系統之下，財政管理權分別屬於省縣政府，而財政監督權則操之於各級地方議會。如現行臺灣省臨時省議會組織規程第三條規定，臨時省議會議決省預算及審核省決算。臺灣省各縣市實施地方自治綱要第十六條規定，縣（市）議會議決縣（市）預算審核縣（市）決算及檢查縣市公庫。……如審計部復審核地方決算，是無異分裂地方議會財政監督權。」

但此一改制論者不知所謂憲法第十章中央與地方之權限所規定及劃分者，僅以立法及行政爲限，而不及於司法、考試及監察。查第十章計共五條，悉係關於「立法」及「執行」二者之規定。是以所謂省縣財產之經營及處分，所謂省縣財政及省縣稅，所謂省縣債及省縣銀行，其與地方之關係亦僅以立法及行政爲限。（卽所謂「由省縣分別立法並執行之」。）而所謂「明示省縣財政屬於自治範圍，脫離中央財政而自成系統」者，亦僅以立法及行政（執行）爲限。然則改制論者何能以憲法第十章中央與地方之權限各條規定作爲分割監察院審計權之根據！反之，該章各條規定適足證明自治之地方議會僅有立法權而無監察權或審計權，自治之地方政府僅有行政權而無監察權或審計權。

改制論者嘗引臺灣省實施地方自治綱要爲辯護，因該項臨時辦法及單行規程，曾有省縣市議會得審核決算之規定。但彼等不知該項辦法及規程，俱係行政命令，而非國家法律，且與國家法律（憲法及行憲後修訂之審計法）相牴觸。而且事實上，臺灣省縣市議會亦並不審核決算，抑且明言決算應歸監察院之審計部審核。前引臺灣省議會致省政府之公函，即其明證，玆再抄錄如下：臺灣省臨時議會四四寅寒歲二字第四〇〇二號函開：「查各機關之決算報告，省政府於彙編總決算案後，應先送審計機關審核後，送本會提出報告。惟省政府尚未依法辦理，應請省政府洽請審計機關辦理，以符法定程序。」且臺灣省政府因恐省縣市議會誤解其所謂審核「決算」之意義，曾以明令分電各縣市議會及縣市政府有所釋示：「平時各縣市政府與所屬機關會計帳目及憑證之審核，依法屬於審計職權，不屬議會查核之範圍。但對政府機關財務收支數字如有疑義時，得向地方行政主官質詢或逕函審計機關查核辦理。」此項釋示，迄爲省縣市議會及政府所信守，彼改制論者其未知之耶！

四、改制論者既誤認監察院之審計權不得貫徹至地方，於是仍進一步主張：「行憲後實施自治的區域，無論省縣市，都自成一級政府，並各有獨立的省縣市議會。而各該議會並無『立法』

及『監察』之分，依法當可執行全部財務監督權，卽地方政府的決算與預算都同由各該議會審核通過。」

然此一改制論者不知省縣市雖「都自成一級政府，並各有獨立的議會」，然此政府及此獨立的議會，仍須受國家之監督，而非絕對的「獨立」。國家對地方政府及議會之監督，包括立法監督、行政監督及監察監督等，而監察院之審計權，卽爲國家對地方財政之一種監督。憲法並未排除此項國家監督權之直貫至地方。

此一改制論者所謂：省縣市議會「並無立法及監察之分，依法當可執行全部財務監督權」，此項認定，不獨毫無論據，抑且違背憲法。蓋憲法第一百十三條規定：「屬於省之立法權由省議會行之」，又第一百二十四條規定：「屬於縣之立法權由縣議會行之」，然憲法並無隻字規定省縣市議會亦得行使監察權。足見五權憲法中之省縣市議會僅爲單純的立法機關，而不如三權憲法中之議會兼掌一部分之監察權。故亦如中央之立法院，省縣市議會不得行使審計權，因而亦不得執行「全部」財務監督權，「卽地方政府的決算預算都同由各該議會審核通過」之權。

五、改制論者關於地方政府或議會掌理地方審計之組織問題，約有三說：

甲、地方審計由省縣市議會審計處室行使之，其組織條例另定之。

乙、地方審計首長應由地方政府主管提名，議會同意，然後再予任命之。此外，議員任期屆滿，同意權理應終止，地方審計首長的任期，原則上似應與投同意票的議員相同。

丙、省縣市政府各設一審計機關，「成爲地方政府機關之一」，地方審計首長由地方政府首長任免之。其中省審計首長，應由行政院遴選一人交省政府提請省議會同意後任命，縣市審計首長應由省政府遴選一人交縣市政府提請縣議會同意任命。

以上三項擬制，因其牴觸憲法，根本無存在之餘地，本可置諸不論，但爲澄清視聽起見，一併加以批評。

依據以上三項擬制，省縣市審計機關成爲地方機構之一，其首長由地方政府主官任免之。地方審計機關既成爲地方之附屬體，其首長及全體審計人員自須受該地方政府主官之審核獎懲任免及一切本於行政監督權之指揮及監督，則其地位並不超然，其職權自難獨立行使。而審計權之作用，通常俱包括下列各項：「一、監督地方政府預算之執行，二、核定地方政府主官之收支命令，三、審核地方政府之計算決算，四、稽查地方政府包括主官財政上之不法及不忠於職務之行爲。」審計人員既有此等重大之職責，而其審核之決定，與政府主官又有極重大之利害關係，故其本身實不宜處於地方主官監督指揮之下，以免被其干涉或利用，而形同虛設，甚至助長浮濫，包庇貪污。反之，地方審計機關如屬於監察院，則其地位超然，自可獨立有效行使其職權，於地方財政及地方自治實皆有裨益。且其審核決算之報告，須送請地方議會依法審議，則地方議會亦不患無監督地方財政之機會。是現制無論從任何角度觀察，皆屬有利而少弊。彼改制論者之主張，縱使不問其是否違憲，即在實益上亦殊無成立之理由。

結語

綜上所述，有關本問題之主要事項，可總結如下：

第一、業已依法成立之臺灣省審計處，必須從速授以應有之經費，俾可早日開始工作。故送在立法院之審計經費追減追加案，有迅即完成立法程序之必要。

臺灣省審計處於取得其應有之經費後，本院當飭審計部就該部現有審計人員中調派十人至十五人常駐該審計處，專辦各縣市巡迴審計，庶幾在設置縣市審計室問題未能完成立法程序前，縣市財政亦可因審計機關之巡迴抽查而望更上軌道。

第二、基於上述五權憲法之精義，中華民國憲法之規定，地方自治與均權主義之眞諦，並參照審計制度之歷史背景，及地方財政對於超然獨立審計制度之需要，本院爲維護憲法之尊嚴及監察權之完整，堅決反對審計權之割裂。

陶百川執筆

四十五年二月二十一日

（附載一）從陶百川看監察院

湯宜莊

同「芳鄰」立法院比起來，監察院似乎顯得有些老邁、低沉、甚至不堪負荷。但是儘管如此，它依然矗立在那裡，且不時露出無私無懼，風骨嶙峋的本色。

浙江紹興籍的陶百川委員，便被視為這座老舊建築物的「中流砥柱」。很多人認為，這座建築物時常發光發熱，陶百川該算是主要動力之一。

中等身材，滿首白髮，常帶憂時愛國神情，這便是名聞中外的「鐵面御史」陶百川。這些年來，陶委員對於監察工作的貢獻，是有目共覩的。沒有他，監察工作雖不至於停頓，但至少要打些折扣。因此，我們說陶百川是監察院的縮影，想不爲過。

一生低首范仲淹

陶百川委員的個性耿直，嫉惡如仇。因爲他有「欲爲聖明除弊事，敢將衰朽惜殘年」的胸襟和氣魄，所以能不畏權勢，言人所不敢言，爲人所不敢爲。鐵肩擔道義，挑起「御史」的重任。

雖至「六親斷故友絕」，卻贏得無數百姓衷心唱采和讚譽。

范文正公仲淹是陶委員最崇仰的古人之一。陶委員讀過他的文集，譯過他的〈靈鳥賦〉。對於范文正公那種「士當先天下之憂而憂，後天下之樂而樂」的胸懷，以及范文正公做諫官時所持的「寧鳴而死」，「爲凶之防」的原則，陶委員尤其欽佩。事實上，我們從陶委員的許多言行中，可以發現他的確具有范文正公那種剛毅無私、守正不阿的氣質和精神。

陶委員是個一往直前，永不停止的人，同時他又非常好學。他每隔若干時候，一定要安排一段相當長的時間去進修。他的英文基礎很好，因此可以直接吸收許多新知識，使他的思想能夠趕上時代。

這二十年中，陶委員也有過一段「迷惘」的時期，那就是上次從他赴美到回國那段時期。民國五十三年五月，陶百川決心赴美，老實說，他作此決定，心裡是感慨萬端的。政府遷臺十幾年來，他始終站在自己的崗位上，本諸良心做事，可是「譽滿天下，謗亦隨之」，在各方的壓力下，在行事時遭掣肘的情況下，他不免對自己的努力發生懷疑。

一度遊美擬不歸

臨行前夕，黃寶實委員寫了一首詩送給他，詩云：「正論重察院，直聲傳寰區。乘桴浮於海，九夷子欲居。他山石可鑑，吾道必不孤。治權分三五，同歸而途殊。」他雖明知黃委員猜他可能一去不回，但他滿腹心事，卻也不願否認。

陶百川旅美期間，心裡時感矛盾和痛苦。他一方面想爲他多難的國家盡力，一方面又感覺書生報國，用武無地。他說：「他很懷疑做一個監察委員，還能對國家有什麼用處？」一度，他想辭去監委職務，留居美國，教書寫文章，做點國民外交工作。尤其在于右老逝世之後，監院爲選舉院長副院長而鬧得不可開交的時候，他更感心灰意懶，因此曾致函此間友好，表示他留美的意願。後經友好促駕，臺港報紙紛加慰勵，他才振奮起精神，打道回國。

一支有力强心針

陶百川於五十五年七月乘如雲輪回到基隆，監察院對於他的回國極感興奮，輿論對於他的回國亦極表歡迎。採訪國會的新聞記者，認爲他之回國等於替衰頹的監院打一支强心針。

陶百川回國當時，正遇著監察院彈劾李國鼎、陳慶瑜兩部長案。這個案子雖受到多方的壓力，但監察院堅定立場，機動運用，終將審查成立，接著監院又爲大秦案彈劾了臺灣銀行的主管人員。這兩個案子連著提出，轟動一時，也使監察院出盡鋒頭。

陶百川回國迄今不足兩年，監院在這段時期先後彈劾了兩位部長，兩位市長（臺中市長張啓仲、基隆市長蘇德良）以及六、七位法官，雖然也有好幾個案子因種種關係「胎死腹中」，但陶百川認爲就憑這份記錄，也就相當難得了。同美國國會比起來，美國國會從一七八九年成立到今年，一百七十九年間，只成立了十二個彈劾案。我們監院彈劾案的成績是璨然可觀的。

糾正權運用得好

根據陶委員考察所得，美國國會彈劾案所以如此少，固與政治情況有關，但主因還在於美國的人事行政健全及美國國會兼顧立法、監察兩種工作的關係。因爲人事行政健全，所以公務員違法失職的情事少。因爲國會側重於立法，所以監察工作分開，這便是五權分立制度的優點。

最近人事機關計畫修正「公職員服務法」及「公職員懲戒法」，以加強行政機關首長對所屬職員的免職權，儆頑懲劣，端正風氣健全人事行政。陶委員認爲這不失爲一項進步的構想，如能實現，可使得監察院彈劾運用的機會大爲減少，甚或備而不用，成爲專爲法官而設之權。今後監察院的工作方向將可由彈劾權的運用轉向糾正權的運用。

監察院除彈劾權外，另一重要職權便是糾正權。據陶委員稱：監察院這一年多來，關於糾正權的運用，亦有很多的成績，收到很大的效果。有關機關對於監院所提的糾正案，也都寄予相當的重視，並能迅作改善。譬如關於政府舉辦考試評分錯誤的補救問題，經監察院提案促請改善後，教育部和考選部都很虛心接納。去年的高普考和留學考，在數萬應考人中，只有二十幾人認爲閱卷有誤，到監院來，請求監院代他們調卷查看。這可證明閱卷人已經提高警覺，審愼評閱，因而使錯誤減少。應考人的權利自然得到更大的保障。

監察院彈劾權和糾正權的運用，都有很好的成績，是不是就表示監察院非常完善，沒有問題存在了呢？事實並非如此，今日如陶百川之幹勁，精神者，奔忙之餘，亦常有力不從心之感。

年華老去暮氣重

歲月不留情，是監察院目前所面臨的最嚴重問題。陶百川今年六十六歲，七十四位監察院委員中，據統計，有百分之五十，已逾耳順之年；百分之二十，壽至期頤，將近百分之十，已臻耄耋之齡。年齡老大，固然閱歷豐富，但體力衰退，難免暮氣沉沉。這對於監察權的行使，是甚有影響的。

譬如年老多病，對於調查工作就難以勝任，調查工作有時需要長途跋涉，仔細查問審閱資料，沒有充沛體力和精神，根本無法擔任。同時，年紀大，世故深，社會關係多，感情擔子重，魄力差，心腸軟，行使職權就難免易受人情之包圍或困擾，而失去公正的立場，監察權的行使，就難免發生偏差。

關於這一點，陶百川委員認爲老成凋謝，確是監院現存的最嚴重問題。但在目前的情況下，既無法全面改選，大量補充新血，則應從加強職員人手方面著手。以職員來延長委員的生命，來發揮監察的功能。

派系裂痕未全銷

陶百川認為只要有良好的訓練，良好的領導，這一點是可以做到的。如此一來，不管監委人數多少，監察權都可以繼續行使下去。

監院所面臨的次一問題，是委員的工作熱忱和工作興趣。監委現存的人數雖有七十四人，但除去年老多病的，除去不問院事的，眞正在那裡工作的不到三十人，而能如陶百川之辛勤努力者，更是寥寥。

多數委員對監察工作缺乏熱忱和興趣，有的監察委員情願在家誦經禮佛，蒔花養鳥，卻不願到院裡開會，盡他該盡的責任。陶委員認為這種情形非一日造成的，因素亦非止一端。有些委員如今日之情緒不振，甚至不能全怪他們，有關方面亦應負一部分責任來。他並認為想要把監察委員的情緒振奮起來，恐非易事。為今之計，還是多多加強和發揮職員的功用，比較易於奏效。

其次說到監察院的派系問題。執政黨籍監委共六十三人，約占在臺監委人數的五分之四，擁有絕對性的壓倒多數。其他青年黨，民社黨以及無黨無派的委員，加起來不過十幾人，根本無法與執政黨的力量抗衡。所以一般說來，執政黨的政策，在監院雖偶激起反對聲浪，但終能遂行無阻。

監察院內之派系，雖肇因於大陸，但卻胚胎於院內各種選舉，形成於來臺初期。至今有所謂「兩大兩小」四派，陳肇英派與張維翰派爲兩大，李嗣聰派與金維繫派爲兩小。各派系之人數，常有變動。目前情況，大致是陳派與李派聯合，張派與金派携手。前者合共四十餘人，後者合共三十餘人。派系之間，平時雖無明顯界限，遇有事故，卻壁壘分明，分毫不讓。猶記右老逝世後，監院院長副院長之選舉，派系鬥爭，達於高潮，曾出現非常火爆熱烈的場面。後來經有關方面多方運用，才得化險爲夷，未釀成更大的風波。據說，那次選舉在各派之間所造成的裂痕，至今尚未完全復原。

陶百川委員係執政黨員，但他的觀點、主張卻常有與執政黨歧異之時，一度並曾使執政黨深爲不滿。在「兩大兩小」的派系中，陶委員本人雖曾否認屬於任何一派系，但有些委員認爲他的觀點與陳肇英派接近，故多認爲他屬於陳派。

嚴格說來，派系對於陶委員爲人行事的影響是很小的。陶委員是個很講原則的人，他對人對事都是訴諸良心、道義、理智的抉擇。他曾引用美國詹森總統在做參院議長時的名言，來說明他今日在監察院工作的態度和原則。詹森說過：「我是一個自由人，一個美國公民，一個參議員，一個民主黨黨員，我照著這個次序的先後來考慮問題。」

工作效率待提高

監察院的問題當然還有很多，譬如工作效率，就有許多亟待改進之處。一位美國研究國會和法律的專家，來華訪問過監察院後曾對陶百川說：「從兩件小事可以看出中國監察院的辦事效率不高，第一是監察院的圖書太少，第二是監察院的汽車太少。」監察院除了院長、副院長、祕書長的座車外，只有兩部破舊的交通車。而監院每個月的圖書雜誌購置費，也只有新臺幣四千元之數。這樣說來，要監院如何發揮工作效率呢？

監察委員沒有助手。也是工作效率差的原因之一。不問院事的委員當然無所謂，辛勤工作的委員如陶百川，單是每天接到的信件就有幾十封，每封都要妥愼處理，如果不是一位職員義務幫忙，陶委員就是三頭六臂也忙不過來。不過，不管怎樣說法，陶委員對於監察院的前途，還是充滿信心和希望的。尤其是最近監院接到有關方面的一紙通知，上有：「自政府遷臺以來，如無立監院之存在，政風可能更不堪聞問矣！」等語證明當局對於立監兩院，已有更深一層的了解。這將大有助於今後監察工作的推展，陶委員對此倍感興奮。

（附載二）「風骨崚嶒」的監委

《聯合報》黑白集

伐木商人吳石清，與林務局的權益糾紛，由於監察委員鍥而不捨的精神，終於獲得了政府的賠償。這樁案件，不僅說明了民主政治之可貴，而且更表現了監委們的風骨崚嶒！

在本案進行中，陶百川委員退還了吳石清餽送的水果；熊在渭委員拒絕了吳石清許諾的酬勞；他們一面訓誡當事人不可行賄；一面仍然爲當事人爭回了權益。吳石清事後對人說：「有這樣高風亮節的監委，是老百姓的福氣」，的的確確是由衷之言。

在各級民意代表中，論風格，論操守，論膽識，我們第一屆的監察委員，多屬一時之選，而陶委員又屬其中佼佼，國家有此瑰寶，則正氣就不會消失，人民有此代表，則寃屈自可得伸；伐木商與林務局的糾紛，受益的雖僅吳石清一人，但這樣足使「貪夫廉」的風氣樹立，國家與人民，將均蒙其惠。

然而，遺憾的是像陶委員這樣大公無私的人，究竟只是鳳毛麟角；而爭私利忘公利者卻比比皆是；司馬光〈諫院題名記〉云：「居是官者，當志其大，捨其細，先其急，後其緩；專利國家而不謀身」，身爲民意代表者，人人應三復誦之！

六十三年四月二十六日

選舉正本殫精竭慮

國會的選舉是人民的大事，國家的大典。因爲沒有選舉，人民就沒有代表，國家就沒有民意機關，而且政治就沒有制衡，政權就不能更替，於是民主政治將徒託空言。

但是選舉只是一種治具，好比一隻空酒瓶，它可裝美酒，也可裝毒酒。所以選舉辦得好，則選賢與能，政通人和；選舉辦得不好，則民意代表成爲仗馬寒蟬或惡奴劣紳，不獨不能監督政府，甚至反而魚肉人民。

關鍵乃在選舉法制，好的法制可能產生好的民意代表。

臺灣教育發達，民智開通，對政治向很關切，對選舉自很重視。於是臺灣的選舉，一向就辦得較好於往日的大陸，但仍不斷發現缺失，而也不斷在補偏救弊，最後則爲正本清源而制訂了選舉罷免法，完成動員戡亂時期的選舉建制。

我擔任監察院的監察委員多年，負有護憲護法的職責，對選舉自當監察，對違失也須糾正。因而接觸很廣，所知頗多。其中有些經過情形和所得成果，我已在《困勉強狷八十年》寫了第十七章：〈國會問題苦心孤詣〉，包含下列六節：

第一節　誰是國會　何謂總額
第二節　補選增選　呼籲最先
第三節　選舉敗筆　停辦二年
第四節　應勢順理　兩院改選
第五節　維護法統　考慮遴選
第六節　保障名額　保全法統

看了上列目次，讀者可知第二節至第五節所寫的都是有關中央民意機關的選舉，而重在選舉的變態。本章則擬敍述選舉的常態，包括中央和地方各級的選舉體制和方法。

惡法亦法今是昨非

臺灣光復後，很早就辦理各項選舉，但一直沒有制訂憲法第一百七十條所定「經立法院通過總統公布之法律」，而僅依行政院或省政府所頒訂的單行法規，也就是所謂行政命令，便宜行事。直到民國六十九年，政府方頒布了動員戡亂時期公職人員選舉罷免法。

在這之前，民間常討論著一個大問題，就是那些選舉規程有沒有法律效力，如果發生爭執，法院應否以之作爲裁判選舉訴訟的依據。有人予以否定。他們說：中華民國憲法第一百七十條規定：「本憲法所稱之法律，謂經立法院通過，總統公布之法律。」則行政院公佈的選舉規程顯然是行政命令，而非法律，何得限制候選人的自由？法院何可適用？

民國四十二年，臺中地方法院一位法官在判決一個鄉鎮長選舉訴訟案件時說：法官依據法律審判，乃憲法所明定；目前臺省有關地方自治之規程辦法，尚非法律，法院卽難受其拘束。後來行政院邀集中央有關機關加以研究，那時我適任監察院司法委員會的召集人，因而也參加討論。我們的結論是：

然法院所得援為審判之依據者，究不得謂以立法院通過總統公布之法律為限。按諸文明國家推行法治之前例，法之由來，不限於最高立法機關所制定之法規，他如有法規性之命令，以及習慣或法理，在一定範圍內，亦皆為重要法源，具有法之效力。我國憲法關於中央與地方權限採均權制度，省與縣於一定範圍內各有立法權，省之法規與縣之法規與縣之單行規章，於不牴觸國家法律之範圍內，在該省縣亦同有法之效力，觀於憲法第十章及第十一章諸條文之規定，至為顯明。又如民法第一條明定：「民事，法律所未規定者，依習慣，無習慣者，依法理。」此等習慣及法理之效力，在形式上恆藉法院之適用以為表現。而法院所得依據以為審判者，並不限於形式上由國家制定公布之法律，已無足疑。

那時我對這個釋示，覺得相當滿意，但它實在不夠妥適。因為我國憲法第二十三條規定：

「以上各條列舉之自由權利，除為防止妨害他人自由，避免緊急危難，維持社會秩序，或增進公共利益所必要者外，不得以法律限制之。」這是說，國家在四種條件的任何一種之下，即為防止妨害他人自由的必要，或為避免緊急危難的必要，或為維持社會秩序的必要，或為增進公共利益的必要，有權限制人民的自由權利，但必須以法律限制之。當然不得以命令限制之。而這裡所說的法律，必須「經立法院通過總統公布」，而不包括一般法令。

依這理解，行政院公布的競選規則，如果不限制人民的自由尚難謂無法律的效力，這就是所謂「惡法亦法」。但如有限制人民自由的規定，則其規定應認為無效。

但是一件法規的有效與否，不能僅看理論，甚至法院也無權認定(但美國法官則有權認定)，只有司法院大法官會議有這權力。因為我國憲法規定：「法律(或命令)與憲法(或法律)有無牴觸(是否有效)發生疑義時，由司法院(大法官會議)解釋(決定)之。」

所以四十二年的釋示也指出：「縱於某一省法規有無法之效力發生疑義時，亦屬解釋之範圍，非經有權解釋憲法之機關明白為否定之解釋，普通法院不得拒絕適用。」

現在我們所「千呼萬喚始出來」的選舉法，當然有相當進步，但也有一些地方則反而退步。例如對於競選經費的限制行了已有多年，但該法卻予以解除，而競選的有些必要活動則不惜用嚴刑峻法加以嚇阻。

競選纏腳力士無敵

我在臺灣，先做監察委員，後做國策顧問，負有言責，開有言路，而且與新聞界一直保持良好關係，所以又有發表意見以廣爲傳播的機會，故能就選舉實踐及其法規常加建議和批評，而且有幸能爲政府所諒解，爲社會所重視。現舉兩例：

例一：我曾提出「纏小腳」的警喻，呼籲政府對競選活動不可過分限制。時在民國五十一年的監察院年度總檢討會，我對行政院新公布的「臺灣省議會議員候選人競選規則」，提出檢討意見。我指出該規則第三條規定：候選人發表政見的字數以五百字爲限。又第四條：錄音、廣播、登報的宣傳政見的文字，也以五百字爲限。又第六條：在十個以上不足二十個鄉鎮的選舉區內，候選人的助選員人數不得超過十五人，超過二十個鄉鎮者至多以二十人爲限。又第八條：候選人爲競選宣傳和交通需要所使用的機動車輛不得超過三輛。又第十條：除候選人和其助選員得依第三條和第四條的規定參加聯合宣傳外，任何人（包括候選人和助選員）不得「公開演講或當衆叫呼爲候選人宣傳」，也不得「分送或張貼候選人宣傳文件」，也不得有「其他以使候選人當選爲目的之行爲」。這些規定，我以爲都嫌過分。有些縣或市的大選舉區，人口多達一百萬人，對一個競選省議員或立法委員的候選人，幾次聯合演講會，三輛車子，十五個（至多二十個）助選員，五百字宣傳文字，未免太少了。選民因而沒有聽候選人演講的充分機會，他們如何能夠了解候選人而選賢與能呢？候選人又怎樣能夠對選民推銷他們的政見以得其支持呢！

這樣苛刻而繁屑的限制，無以名之，名之曰：纏小腳，那實在太合時宜了。

例二：政府當局爲辦好選舉，很早就標榜「三公」－公開、公平、公正。但我覺得尙須補充一公——公道，而成爲四公。我以拳賽爲喻，指出我們的選舉，可惜是由小傢伙在對抗大力士。

表面上看，競選的人，一個對一個，有力出力，唯力是視，未始不公平。投票所和開票所，自始至終，都有監察員在場監察投票、唱票和計票，「十目所視」，未始不公開。來一人投一票，有一票算一票，未始不公正。所以臺灣的選舉，在這三方面，比較他國，並不遜色。但是以小傢伙對抗大力士，我總覺不夠公道。

這所謂大力士，顯然是指執政黨及其候選人，所謂小傢伙是指無黨籍的個別候選人。黨籍候選人有組織，有靠山，資源豐富，聲勢浩大，如果本身的條件不太壞，當選的可能遠大於無黨籍候選人。而在立腳點不平等，也就是所謂「平頭不平腳」的情況下，這對單槍匹馬的候選人，很難說是公道。所以我要呼籲「四公」，而還以公道。

怎樣還以公道呢？很簡單但幾乎不可能，就是開放黨禁，准許人民組織新黨。我在前一本回憶錄第十八章中寫有兩節，略陳一套大方、安全和簡易的辦法，希望將來能爲執政黨所採行。

同時，一些無黨籍的人士，在選舉上吃了本身沒有組織的大虧，逐漸結成所謂「黨外」，後來又組織了黨外公政會。它雖無政黨之名，但可能演進而成爲政黨。我視之爲我國固有的「朋黨」。

民國七十三年，我在美國看到報載政府發出解散公政會的警告，該會報以惡聲，聲稱如被解散則就宣告成立政黨，一時氣氛緊張。我怕衝突升高，國家對外形象更被塗黑，馳書奉勸政府當局務須懸崖勒馬。我再度提出「容忍朋黨」的呼籲。我說：

朋黨是一部分同道或同利者的結合，規模不大，且未與群眾打成一片，對黨與政府尚不足爲患，雖有演進爲政黨之可能，但政府不可因此顧慮而將其撲滅。譬如治水，疏導重於圍堵，小決可免大決。朋黨乃是小決和疏導，兩害相權取其輕，時勢如此，地緣如此，「容忍朋黨」實在不失爲一較好對策。

第二年，爲爭取十一月的地方公職人員的選舉，黨外公政會和黨外編聯會，合組黨外選舉後援會，提出推薦名單和共同政見。

《自立晚報》在一則「微言」中指出：「今年選舉有一個很微妙的發展，那就是黨外人士也舉辦大規模的登記和推薦會，卽使將來的發展仍未可知，但是，到國民黨部辦理登記和到黨外中央後援會辦理登記，在選舉上樹立這種旗幟鮮明的陣營，實在是臺灣政治發展上的里程碑。」

我希望黨外人士善用現有這點得來不易的朋黨地位，持而不暴，和而不流，有爲而不急進，妥協而不投降，期以五年，必能獲得政黨地位。

我更希望執政黨順應潮流，洞察現實，重視民主，善謀國事，在我們這一代的有生之年，制定政黨法，實施可大可久的政黨政治。

放寬言網約束金錢

從行政院的競選規則到選舉罷免法，時經二十五年，物換星移，但小腳還是纏得很緊，管理競選的言網文網和法網，還是很密。這對競選中的小傢伙當然不利，對國家選賢與能的要旨也大相悖謬。我竊以爲國家基於安定的理由，既不准組織新黨，則也應該爲辦好選舉而稍示公道，那就須在競選規則中「網開三面」，放寬言網文網和法網。

民國六十八年我爲《聯合報》和《新聞天地》所撰〈現階段選舉的特性及其立法問題〉，就這問題大聲疾呼。

那時選舉罷免法草案已經公布，它布下了天羅地網，簡直要把競選言文一網打盡。因它規定：

一、競選言論不得「違背憲法」。我指出，那麼憲法第一百六十條所規定的六年基本教育，自始就不得鼓吹改爲九年了，自更不得呼籲增爲十二年了。

二、競選言論不得「違背國家利益」。我不知「國家利益」定義如何，範圍如何。這張文網自更太密，太狠，太難認定了。我建議改爲不得鼓吹「顛覆政府」，使大家較能安心。

三、競選言論不得「違背反共復國基本政策」。反共復國，無人反對，無需再作訓示，免被濫用。

此外，草案重罰：「虛構事實詆毀政府或攻訐任何團體」以及「任意誹謗其他候選人」。我以為政府不許詆毀，而應該可以批評，但這兩者頗難區別，而批評政府乃是競選所必需，不應濫加嚇阻。好在刑法已有妨害公務的刑罰，而且條文寫得比較明確，不必再畫蛇添足，滋生流弊。

至於攻訐團體或誹謗其他候選人，刑法規定都須告訴乃論，自較合情合理，政府不得代庖。監選機關更不可自作主張，自表多情，自討沒趣。

我更主張刪除草案第四十五條的禁例和第七十九條的罰則。第四十五條規定：「非助選員不得有左列助選行為：一、公開演講或當眾叫呼為候選人宣傳，二、分送或張貼候選人（之）宣傳文件，三、其他以使候選人當選為目的之行為」。第七十九條從而規定可處以一年徒刑。

如果如此，不獨一般候選人的父母、夫婦、兄嫂、子弟和至親好友都得被捉將官裡去，而且自必禍延我們國民黨的地方幹部甚至黨性較強的忠實同志，也將鋃鐺入獄，因為他們都不能不為他們的候選人宣傳或「輔選」呀！

幸而六十九年公布的選舉罷免法對上列缺失頗多補救，但我仍感美中不足。茲舉數例。

前舉三種重大罪名，現行法並未採用，但規定：「候選人或其助選員的競選言論不得煽惑他人犯內亂罪，違者依第八十六條處七年以上有期徒刑」，我以為過分苛刻，有違人權。

所謂內亂罪，依刑法第一百條，是指意圖破壞國體或竊據國土或以非法之方法變更國憲顛覆政府，而著手實行者，但該項內亂大罪也僅處七年以上有期徒刑，預備或陰謀犯內亂罪者，則僅處六月以上五年以下有期徒刑。言論文字的煽惑都不在該條處罰之列。但選舉罷免法竟將言論文字的罪行也科以七年以上有期徒刑，遠重於預備或陰謀犯內亂罪者的本刑（六月以上五年以下），豈非過分苛刻！豈非不合情理！

觀於後來法院對檢察官依該煽惑內亂罪起訴的兩個被告自動予以減刑二分之一，判處三年六個月，而我以爲猶嫌太重，但依法不能再減，可知該項重刑規定實在太不合理了。

其次，關於草案詆毀政府或攻訐團體以及誹謗其他候選人的重罰，現行法改得比較合理，因它規定：「意圖使候選人當選或不當選，以文字圖畫或演講，散布虛構事實，足以生損害於公眾或他人者，處五年以下有期徒刑。」

此外，關於草案第四十五條禁止非助選員的助選行爲，現行法以演講爲限，但加重刑罰爲兩年以下有期徒刑。

現在我將略談競選經費的限制 以及我的呼籲。那又須追溯到五十一年監察院的年度總檢討會，那時我提了三點建議：

第一、政府應限制競選人的競選經費，不得超過一定的限度，不許有錢的人利用金錢去爭取選票。

第二、競選人所用的經費應該向監督機關詳細報告用途；在一定時間內，應讓選民前往查閱競選帳目，如所報不實，或僞造單據，該競選人都應負責。

第三、爲了照顧沒有錢的競選人，有些民主國家例如法國規定競選人可向選民郵寄一次宣傳品而由政府負擔郵費，並且在通衢大道樹立廣告牌，讓競選人免費張貼宣傳品。

後來選舉罷免法對競選言論收得很緊，管得很嚴，但對競選金錢的管制卻避而不提，我乃在中國人權協會七十年四月一次座談會中提出：「競選言論應該放寬，競選金錢必須收緊」的呼號。我指出，臺灣選舉向爲人所詬病的，一是賄選，二是競選金錢的氾濫成災，爲非作歹，但選舉罷免法，關於對選民的行賄和受賄，都避而不提，對於競選金錢的使用和限制，臺灣省妨害選舉罷免取締辦法尚有三條加以管制，而選舉罷免法則摒棄不採，任其氾濫。如此下去，禍害眞不堪設想。

所以我主張選舉罷免法應增加賄選罪如左：

一、有投票權的人，要求期約或收受賄賂或其他不正當利益而許以不行使投票權或爲一定的行使者，處三年以上有期徒刑，得併科五萬元以下罰金。犯前項之罪者，所收受的賄賂沒收之。如全部或一部不能沒收時，追徵它的價額。

二、對於有投票權之人，行求期約或交付賄賂或其他不正利益，而約其不行使投票權或爲一定的行使者，處五年以上有期徒刑，得併科七萬元以下罰金。

同時，我主張選舉罷免法應該參照臺灣省妨害選舉罷免取締辦法第十三、十四、十五條就競選經費作以下規定：

一、候選人的競選費用，除應繳付之保證金外，不得超過選舉委員會公告的費用限額。前項費用限額，由選舉委員會按照實際需要於公告選舉投票日期時一併公告之。

二、前條競選費用，候選人應造具概算書，於申請登記爲候選人時，繳送選舉委員會備查，不繳送者，視爲登記手續欠備，不予受理。

前項概算書格式，由選舉委員會統一製發。

三、候選人競選費用的收支，應設置帳簿登記，縣市選舉委員會得派員查核。如發現有違背規定而情節重大者，應依本法取銷他的當選資格。

幸而民國七十二年選舉罷免法修正時採取了競選經費的限制和管理等原則。雖然成效猶未大著，但是各在政府尚不能認眞執行，未可因噎廢食。

競選懲叛請改兩條

在前節所述者外，選舉罷免法還有一張文網，對人權自由危害也很大。因爲它在第五十四條第三款規定：候選人及其助選員的言論不得「觸犯其他刑事法律規定之罪」。於是方素敏女士在競選立法委員的宣傳品上登了鄧小平與卡特握手的照片就被選舉委員會依該條款認爲她觸犯懲治叛亂條例第七條：「以文字圖畫演說爲有利於叛徒之宣傳者，處七年以上有期徒刑」，移送警備總部偵辦。

第二天，我在《聯合報》參加一項選舉座談會，有人以此相詢，我曾表示依法依理依情和依勢，那個做法很不妥適，所以呼籲警總不予受理。該案後來也就不了了之。

因爲該條訂得很不合理，多年來我曾多次建議修改。到了七十四年九月十七日《國際日報》發行人李亞頻女士被依該條逮捕，旋經警備總部裁定不合，交保釋放後，我更信我那些見解自始就很正確，於是趕寫一文，題爲：「利叛之法，黃臺之瓜——請從李亞頻案領受教益，安人利己」。我提出修改該法的建議，並主張在修改前將它凍結，而代之以出版法和普通刑法。

組織多元選訟上訴

好多開發中國家，因爲民主的基礎太淺薄，人民對政府辦理選舉，不能十分信任。我政府於是標榜「三公」，以培養它的公信力，並設置各級選舉委員會，以管理和監察全部選舉事務。對於投票和開票的監察，政府並准候選人就所需人數平均推薦，送由選舉委員審查派充，如果人數過多，則抽籤決定。

在這樣的安排下，執政黨的候選人固然可以放心，但無黨籍的候選人卻不能無慮。一般人民對政府雖有信心，但對選舉則尙有疑懼，因爲事實上也還不能弊絕風淸。

投開票所的監察員雖准候選人推薦，但以臺北市爲例，六十七年中央民意代表增選的投開票所，為數多達八百五十六個，而每一候選人所准推薦的監選員則僅六十人，當然監察不了，許多疑慮、謠言、不安，甚至舞弊，也因此而生而長。

這一問題在一般民主國家並不嚴重，因為它們實施政黨政治，在朝黨在在野黨虎視眈眈之下，不敢為所欲為，一因怕它立即報復，二因不願創下惡例，以致將來退處在野時自作自受。而且在野黨在投開票所只須派出一個監察人員就能照顧它的全部候選人，技術上更是輕而易舉。

但最重要的，乃是選舉委員會的組織問題。因它是選舉的管理機關，同時又是監察機關，權大任重，它的組織必須具有多元性和獨立性，而後方能做到「四公」。

民國六十九年，《聯合報》舉辦「選舉精言」徵文，我很欣賞，為表支持，寫了五條，後又加上「辦好選舉委員會」一條去應徵。我指出，辦好選舉，建立新形象，千頭萬緒，談何容易。但我以為仍有一個提綱挈領的方法，就是辦好選舉委員會（以下簡稱選委會），它大權在握，影響重大。因為選舉法規由它制訂，選務人員由它派用，選舉區域由它劃分，選舉行為由它監察，選舉違法由它取締，選舉訴訟由它提控，選舉爭執由它裁斷。一言以蔽之，一切選舉行政和監察都由它一手辦理，有如人身上的中樞神經，好或不好，足以影響四肢百體。

然則怎樣把選委會辦好呢？最基本的，首須健全它的組織。

我引美國聯邦選舉委員會的實例，作為他山之玉，只因組織健全，它方能做到公開公平公正和公道。我呼籲我國首當致力於此，以期事半功倍。

按美國聯邦選委會是聯邦選舉法的執行和監督機關。它有權制訂該法施行細則及其他規章，不對總統負責，但須送給參眾兩院備案。如果兩院都不在三十日內提出異議，該項法規就自動生效。

美國對於競選經費的捐獻、使用和報銷，都有詳密的限制。候選人應將經費報銷送呈國會轉送該會備查，並准選民隨時查閱。捐獻、使用和報銷如有違法情事，應由該會查明檢舉，移送法院處以徒刑或（和）罰鍰。

只因該會的任務這樣重大而敏感，所以它在組織上也就不能不力求公開、公平、公正和公道。它置有委員八人。其中二人由參議院，二人由眾議院，就民主共和兩黨各別提出的人選投票選任，另二人由總統派充。但兩黨黨員都不得多於六人中的三人。任期五年，其餘二人，由參眾兩院的祕書長當然兼任，但沒有表決權。

該會置正副主席各一人，由委員互選，但必須分屬於兩黨，以求公平而資制衡。

我國因爲沒有實施政黨政治，選舉委員會的人選都由政府遴派，不易具有多元性和獨立性，從而它的公信力也就不易爲人民所確認，這不能說是我國政制一個缺憾，也是我所以不斷鼓吹和請求實施政黨政治的原因。

我國首屆選委會的委員人選，以我所認識者而論，都很開明公正，可與爲善。但我們如果想求它更好，則我須提出下列兩個建議：

一、政府和黨部要多多鼓勵該會委員放膽做事，並讓他們獨立行使職權，不加干涉。該會本身也應自重自愛，不受干涉。

二、組織和人事方面的獨立、平衡和團結的形象，猶待加強，方法之一是增加一位副主任委員和一位副祕書長，都請無黨籍人士充任，以昭公開、公平、公正和公道。

現在我要提出另一呼籲——選舉訴訟應准上訴。

民國六十一年七月，我所首先要辦的中央公職人員（立監委員和國大代表）的增選就要舉行，辦法已經公布。《大學雜誌》舉行了一次選舉座談會，我也被邀參加。聽了舒子寬女士訴說曾受前臺北市選舉監察委員會和選舉事務所的種種不合理不公道的處分，而無法救濟。我即席發言，對增選辦法第四十八條大加批評。

我說，第四十八條規定：選舉訴訟由高等法院受理，以一審爲限，不得上訴，也不得提起再審之訴。選舉訴訟由法院審理，這自合於制衡之道，也是救濟之法，但不准上訴和再審，這就不夠合理和合法了。

而且同條第二項規定，選舉訴訟適用民事訴訟法，這就更顯得自相矛盾。因爲民事訴訟法規定，訴訟標的在八千元以上時就可上訴於最高法院，八千元是銀圓，合兩萬四千元臺幣，尚可訴訟到最高法院，而選舉訴訟的判決可使當選無效，也可使整個或一部分選舉無效，但只能一審，只能在高等法院一審就結束了，不能上訴於最高法院，而且卽使後來發現新事實新證據，證明那次選舉判決是違法的，是應該救濟的（這就是再審制度），但仍不准再審，因而無法救濟，這是合理合法的麼！

我想到，有人也許會說，選舉訴訟，必須速結，如果准許上訴或再審，勢必曠時拖延，自非所宜。但我以爲「欲速則不達」，正確和愼重，也同樣重要，甚至比迅速尤有過之。如果案件必須這樣速結，則國家何必要有三審制度呢！如果選舉訴訟可以不要三審，只許一審，則何事方需三審呢！尙有何一民事官司比選舉訴訟更重要而必須三審呢！這樣，三審制度不是根本可以一律改爲一審制度麼！

我進一步指出，選舉訴訟何以必須速結呢？候選人當選後就可就職，就可行使職權，選舉訴訟的提出，不能阻卻他就職和行使職權，而且一件選舉訴訟每審僅費一兩個月而已，而可有三審的機會，爲什麼必須趕緊草草終結呢？

至於再審更不可少。再審是對判決錯誤或違法的補救，民事訴訟法列舉有十五款必須救濟的情事，選舉訴訟的判決，也會有錯誤和違法，爲什麼不許補救呢！而且再審的開始，並不當然停止原判決的執行，與原案所要求的迅速終結，毫無妨害，增選辦法更無將其取消的必要。

所幸現行選舉罷免法，規定選舉訴訟准許再審，但可惜仍不准上訴，而該法第一百零五條固明文規定：「選舉無效或當選無效之判決，不影響當選人就職後職務上之行爲」，然則選舉訴訟何必非爲快速而不得上訴呢！

在六十一年那次座談會中，我也批評了增選辦法第二十六條，我以爲它更要不得。因爲該條規定，在競選過程中地方法院首席檢察官，發現候選人有違法競選情事，可以報告最高法院檢察長核定並取得選舉事務所核准，取消該候選人的資格，不准繼續競選。這將是「出師未捷身先死，長使英雄淚滿襟」。

合理的辦法應該是遇到違法情事，檢察官應即加以阻止，如情節嚴重，可以訴請法院在他當選後依該辦法第四十二條判決他當選無效。

有人也許會辯說：候選人違法競選如可取消他的當選資格，當然也可取消他的候選資格，後者不是更及時和更乾脆麼！我說的是，但必須由法院加以「審」和「判」，而不應由辦理選舉的行政人員和檢察官取消他的資格。因爲他們都須奉命行事，不能獨立行使職權，有如法官所能爲者。

我在那年八月，曾向監察院提案請向行政院提出糾正案，請就下列五項促其注意改善：

一、選舉訴訟一審終結，不得上訴，不獨違背三級三審之法治常軌，且草草了事，流弊可虞。

二、再審爲法院確定判決之救濟方法，乃依照現行選舉辦法，即使發現新事實或新證據足以證明原判之錯誤，但亦不准再審，實屬違法悖理。

三、宣告當選無效，須經法院審判，今監督選舉的行政機關乃可不經審判而逕行取消候選人之候選資格和競選權利，依法依理，俱屬不合。

四、省議員候選人，如經當選，准其爲監察委員之候選人，如果落選，便不准競選監委，同爲候選人而待遇如此懸殊，有欠公平。

五、選舉制度及辦法，應以法律規定，不應再以行政命令並由行政機關作便宜處理。

六十八年行政院的選舉罷免法草案，仍規定候選人的資格可被取消，但須由法院裁定，這雖稍有進步，可是它又規定不准抗告，而且須在十日內匆促爲之，難期審愼和公正。我曾在中國政治學會和中國人權協會的座談會中加以批評。

幸而現行選舉罷免法不予採用，而規定在該候選人當選後移送法院審判，以決定應否撤銷他的當選資格。這樣就較鄭重了。

七十五年一月二十日

選舉改進五項辦法

以力假仁者霸，霸必有大國。以德行仁者王，王不待大，湯以七十里，文王以百里。（因為）以力服人者，非心服也，力不贍也。以德服人者，中心悅而誠服也，如七十子之服孔子也。詩云：「自西自東，自南自北，無思不服」，此之謂也。

——《孟子・公冶長下》

一

在八月份的監察院內政司法二委員會的聯席會議，我提出對現行選舉制度和辦法的五項改進意見，近因是有感於臺省的兩件選舉訟案，遠因是有懍於右引《孟子》那段話。因爲鑒於美國「水門事件」的浪潮幾乎沖垮尼克森政權，又鑒於金大中案在日韓間相激相盪，眞相雖未大明，然損害已很嚴重，而二者都與選舉發生直接或間接的關係，我在監察院處理兩件選舉訟案後，從而更感臺灣地區選舉尚須改進，以求「自西自東，自南自北，無思不服」，庶幾選舉能爲政治作更好的服務。

在民主國家選舉是政黨取得政權的惟一途徑，是人民選擇代表的機會，是才俊參與政治的大道，也是政府風度的考驗，政治道德的表現，國家榮譽的指標，關係固很重大。所以參加競選的人，無不唯力是視，有時難免爲目的而不擇手段，尤其現在政治鬥爭日益激烈，競選方法不斷翻新，不免產生「醜聞」，而執政黨因爲大權在握，本有濫用權力的可能，在緊張和敏感的競選氣氛中，更處於嫌疑之地。像水門事件等醜事，一般人認爲在野黨是不容易做出來的。

多年來，臺灣地區辦過很多次選舉，競爭也很激烈，幸而尚未鬧過什麼大笑話。可是小的麻煩還是每次都有，就以最近這次而論，就我所知，選舉訟案就有四件，而處理這些麻煩或訟案的方法，有時不無可議。爲了符合政治的更大利益，似有改進的必要。

二

現舉二案作爲例證。一是林景元君向監察院控告高雄地方法院不應判決他的議員當選無效，二是陳少廷君向臺灣高等法院控告選舉監督機關非法排除落選的省議員候選人競選監察委員，但又准當選的省議員候選人參加競選，後者的當選應屬無效，但陳君被判敗訴，而又不得上訴，乃曾向我訴說判決錯誤和選舉監督違法失職，尋求善後方法。

林君的書狀，經監察院派莊君地和林蔡素女二委員調查，認爲：「查原判決理由第二段末尾有：『被告（林景元）竟以施捨乞丐相挑離，詆譭政府，輕視農民，曷此爲甚，雖被告稱（按指在調查庭）其本意乃促進農產品評議會之設置，但數查當時演講內容，並無一語及此，事後飾詞，自不可採』等語。經查原（告）被告所不爭執之卷附「政見發表錄音帶紀錄」，三月十一日上午九時在仁武鄉灣內國小之演講詞紀錄，第三頁第三行（卷宗第十七頁第三行），三月十四日在大樹鄉水寮村北極殿之演講詞紀錄第二頁第二十行（卷宗第十九頁第二十行），三月十五日在大社鄉中山堂演講紀錄第二頁第十行（卷宗第二十二頁第十行），均有『我將來如當選，要組織一個農產品評定委員會，來評定：豬、鷄、鴨、菜、米、蕃薯這些成本價格多少，應該要多少』等語，（乃）原判竟以：『但數查當時演講內容，並無一語及此，事後飾詞，自不可採』等語，以作第二段理由之結論，正與事實相反，認證確與眞實不符，顯有未當」。

但是二位監察委員認爲法院判決林君當選無效，是依據四項理由，現在只是一項錯了，「本案判決，認事用法尚難謂有未當」。可是法院認證錯誤到那樣明顯和嚴重，實屬不可思議，而因一審終結不得上訴，絕無救濟機會，難怪很多人不能信服。

三

陳少廷先生對選舉監督（選舉總事務所）的指控，是依據臺灣高等法院在判決書中指摘選舉監督兩個解釋的違誤（准許當選省議員候選人而不准許落選省議員候選人競選監察委員的違誤）。判決書列舉三項理由：

一、『就第〇四四〇號令解釋言：選舉辦法第二十三條係指增額中央民意代表兩種以上選舉同時辦理者而言，不包括同時辦理之地方公職人員選舉在內，此就其文義觀之，了無可疑。」乃選舉監督竟然張冠李戴，任意擴張，剝奪了數百位參加過省議員競選的候選人的監察委員被選權，自屬不合。

二、判決書指出另一項違誤：「且選舉辦法第十三條規定，省市選出之增額監察委員，省市議員當選爲監察委員者，各以一人爲限。此項規定雖非保障省市議員當選爲增額監察委員之名額，但省市議員如各有一人當選爲增額監察委員，係屬合法，實甚顯然。如依第〇四四〇號令解釋，凡參加六十一年十二月二十三日舉行投票之省議員選舉候選人者，均不得再行登記爲六十二年二月十五日舉行投票之增額監察委員候選人，則省議員即不可能當選爲增額監察委員，選舉辦法第十三條規定豈非等於具文？本（第十三）條規定，於此次選舉亦無排除適用之規定，是以此項解釋難謂合法」。

三、判決書又就選舉總事務所第一一八五號代電解釋指摘其違誤：「此項解釋義謂凡曾參加六十一年十二月二十三日舉行投票之國民大會代表、立法委員及省議員、縣市長選舉之候選人落選者，均不得再爲增額監察委員候選人之登記（註：而當選者則可登記），但參加上開四種公職人員選舉之候選人，無論當選或落選，均屬曾經辦理候選人登記，則無二致。如謂落選之候選人不得再行登記爲增額監察委員候選人，則候選人之已當選者，亦應同受其限制。而依前開一項之說明，省議員之當選人，依法既得參加爲增額監察委員之候選人，第一一八五號代電解釋，亦難謂當」。

在判決書所舉上列三項違誤外，我尚可指出第四項違誤，就是上次國大代表、立法委員、省議員和縣市長的選舉，是在六十一年十二月二十三日舉行，而監察委員的選舉則在兩個月之後。二者顯非同時，本來不應受選舉辦法第二十三條的拘束。更何況該條規定並不包括省議員和縣市長在內！

但是那次監察委員的選舉，儘管犯了這些違誤，可是判決書還是維持了那次選舉的結果。而其理由只是這樣簡單的幾句話：「但選舉總事務所所爲上開解釋，與選舉辦法之明文規定，顯相牴觸，具見前述，參照司法院院字第九三一號第一項解釋意旨，應不生拘束力」。

按該院字第九三一號解釋是：「第三審爲法律審，其所表示關於法律上之判斷，下級法院固應受其拘束，惟其見解如與法律明文顯相牴觸，卽非法律上之判斷，自不在民事訴訟法第四四五條第二項所示範圍之內」。這是說，選舉總事務所的解釋雖與法規顯相牴觸（顯係違誤），但法院可以不加理會（不受拘束），而仍判決那次選舉並非違誤，而仍有效。至於許多人因而被剝奪候選權或被選權，因爲選舉訴訟一審終結，不得上訴，也就沒有救濟的可能了。

四

其實設法補救也很容易，就是准許依法上訴和再審，而不再以行政命令（縱使取得法規的效力）予以限制。監察院早在五十七年因爲臺南縣興化鎮一位林鎮長（進丁）被違法判決當選無效，曾向行政院提出糾正案，要求准許依法上訴，但未爲行政院所接受。監察院現已設置七人小組加以研究和推動。

我們所持的理由，在上文已說者外，還有下列各點：

一、選舉訴訟規定適用民事訴訟法，而該法規定必須踐行三審制，訴訟標的不滿新臺幣二萬四千元者方可兩審終結，超過這數仍須三審。選舉訴訟包括個別當選無效或全部選舉無效，較諸二萬四千元，性質和價值的重大，何止幾千萬倍，而乃一審終結，不得上訴，自屬不合。

二、民訴法既規定三級三審制或至少三級兩審制（刑訴法也是如此）。如須縮短爲一審終結，必須通過立法程序，而不得以行政法規擅予變更。

三、因爲訴訟案件性質實在複雜，高地兩級法院的判決自難完全正確，即使據說已達百分之七十五的正確程度，但那不正確的百分之二十五部分，仍當設法補救，這就是要覆審和三審的理由。選舉訴訟敗訴者或爲很多選民投票選出的代表，或爲代表政府的選舉監督或監察（有時是檢察官），性質和關係都很重大，更不可草率結案，所以更應有准予上訴的必要。

四、多一次上訴，是會多花一二個月時間的（如果先於其他訴訟加以審判，五六十天可以辦畢），但依上述三點理由，這就微不足道了。而且議員和縣市長的任期都是四年，多花三四個月而可訴足三審，期無枉縱，爲公爲私，都是有益而無害。

五

我的選舉改進意見，本有五項，上訴問題外，我以爲最重要的是不要以行政命令取消候選人的資格和權利。如果他有強暴、脅迫、詐欺、利誘或賄賂等不法行爲妨害選舉時，國家有的是取締的法律，可以立卽依法阻止並訴追，他如當選，可以訴請法院判決當選無效。如果他在競選時有不當的言論，可以依法警告或阻止，甚或訴追，並在他當選後訴請法院判決無效。如果一定要取消他的候選資格，也應如當選無效那樣經過法院的審判，而不宜由選舉監督或選舉監察，以行政命令行之，卽使選舉監察由檢察官兼任，他也只能起訴，而沒有處罰的權力。據說這個取締辦法，只是備而不用，臺省尙未有人，另說只有一人，被取消候選人資格，大約因爲政府當局也認爲不宜那樣過分激烈，聽說周至柔先生任主席時就是這樣看法，從而建立這個開明的傳統，善哉！善哉！然則何必尙在法規中留下這個「木乃伊」，被人詬病爲不夠民主和法治呢！

六十二年九月二十八日

怎樣辦好今年大選？

一

選舉是民主政治的生命和關鍵。透過選舉，人民方能派出代理人去管理眾人之事，並對代理人加以監察。需人代理而不能直接管理，這種民主政治原不是最好的制度，但迄今還沒有比它更好的。

我國近在國際逆流襲擊之下，而且首當其衝，受害最大，朝野上下尚能處變不驚，莊敬勇毅，不效泰國那樣在一夜之中撕毀憲法，解散國會，廢除選舉，更反對毛共那樣法律含在口中，民權置諸腦後，自由踏在腳下。所以今年仍將舉辦各種選舉，包括總統和副總統的選舉，省議員和縣市議員的選舉以及縣市長的選舉，（按省議員、縣市長等的選舉，政府已決定延期。）此外極可能還有國民大會代表、立法委員和監察委員的增選和補選，甚或可能全部改選。其中全國性的兩項選舉，關係特別重大，尤當把它辦好。現在稍加論述。

二

關於總統的選舉，現在「國人皆曰」應選蔣總統連任。在文字上提出這個意見的，似乎我是第一人。我在尼克森總統七月十五日發表要去訪問北平後的第十二日，接見《自立晚報》記者林倖一先生，向他提出四項國是意見，第一項就是：「總統繼續領導，政院加重責任。」那時我曾略加說明，原文如下：「總統一生辛勞，對國家的貢獻也夠多了，夠大了，現達高齡，應讓他放下重擔，頤養天年。但現在國家開始進入重大時代，我們更需要他繼續領導。」我指出：「領導方式本有數種，做總統只是其中之一；但這無疑是最有效的方式，過去如此，現在更甚。所以希望總統在本屆任滿之後，明年能再當選連任。」（六十年八月一日《自立晚報》第五版）

但我同時強調要「政院加重責任」。原文理由是這樣的：「總統健康情形雖好，但不宜過分勞累。行政院如能多負責任，他就不會太辛苦了。好在我國憲法已把『尙方寶劍』給與行政院，它可『先斬後奏』。如此配合，理論正確，成效必大。」（同上）

最後這一點是非常重要的，一個多月後，我在爲《聯合報》二十週年紀念特刊所寫「國是問題轉變中的方向」中，加以闡明：「總統繼續在位，同時（必須）加重行政院的責任，使它享有統治的實權，能負統治的重責，有如現代國家的內閣，這是大道。如果上不信任，下不信服，而

它自身又是唯唯諾諾，不想負責，也必成為歧途。」（六十年九月十六日《聯合報》特刊）

能有蔣總統繼續作正面的領導，則國家有重心，黑夜有曙光，國人方能「處變不驚」。但也必須行政院能負起實際責任，形成一股清新旺盛的力量，國家才能「莊敬自強」。二者缺一不可。但是蔣總統當選連任，在二者之中則具有主導的關鍵的作用。

三

其次，關於中央民意機構的充實，我是其中一份子，知道得很多也很深，所以我最先主張補選，後來又呼籲要再辦增補選。就這個問題，我不獨「先天下之憂而憂」，而且「鍥而不捨」。因為早在臺灣省選出的丘念臺監察委員逝世那一年（民國五十六年），我就在監察院提議請行政院舉辦臺灣省議會對丘委員遺缺的補選。但是未蒙採納。

五十八年三月中央公布民意代表增補選辦法，我在當年四月再度呼籲：「中央政府現在已經決定不辦監委的補選了。而且不獨不辦丘故委員缺額的補選，即使將來本省現有監察委員四人全部出缺，自必也不得補選了。甚至將來光復的省市要補充監委，如不修改新頒辦法，也將不能辦理了。這個辦法究竟基於何種理由，未曾宣示，我們自應要求了解。依照新頒辦法，立法委員的缺額也不補選，可是立委尚可增選，稍資補救。而監察委員則既不得補選，也不能增選（參看辦法第十一條第二項），問題自更嚴重。」

後來增補選的結果，中央三機關只增加了二十七人，而其中監察委員兩人，是因臺北市升格而新選，並不是所謂增選或補選而來。我當時就認為人數太少，辦法不妥。為了擴大民主基礎，為了引進青年才俊，為了永保政治活力，為了增強朝野團結，我在民國五十九年十二月主張再辦一次中央級民意代表的增補選。

這個意見，未獲國內重視，但卻引起了國際人士的關切。《紐約時報》記者來訪，並在六十年一月九日該報登載一則臺北專電，一部分內容譯載於下：

四

「中國政府一位著名的官員呼籲舉辦兩個中央民意機關的選舉，以增加臺灣居民的代表性並引進青年人。」

「這個建議是監察委員陶百川提出來的。監察院是兩個中央民意機關之一，是一個『看門狗』的機構，任務是監察政府的措施。他主張立法院的選舉也要舉辦。」

「陶先生的建議並不適用於第三個中央民意機關——國民大會。它六年集會一次，任務是選舉總統和副總統以及考慮憲法的修改。」

「陶先生去年年終演講中指出舉辦這樣的選舉，可望在這嚴重時期增強人民和政府的團結。他的演講，引起了輿論界的共鳴。」

「他說這樣的選舉，也將對那兩個民意機關供給新血輪，以保證將來老委員死後，仍有委員繼續執行立法和監察的任務」。（該報尚有四段報導立監兩院的現狀，因非我的意見，不再迻譯）

我在五十九年年底所建議的內容，與五十八年的大不相同。五十八年的僅以臺灣地區爲範圍；新建議則主張由臺灣選民和海外僑胞共同來增補出缺的一部分大陸代表。這是說，以後出缺的立監委員，不問省籍，一律由臺灣、金門和馬祖的選民來選舉補充；並由海外僑團遴選一部分代表來參加立監兩院。應請國民大會增訂憲法臨時條款加以規定。

五

《華盛頓郵報》對此也有簡短的報導，但預料我這建議未必能爲當局所採納。可是不到十個月，形勢逼人，當局決定要依憲法體制，增強這些民意機關了。

但在考慮增補選辦法時，遭遇了五個困難問題：

一、立法委員和監察委員自應增補，但是國大代表是否也應增補呢？

二、增加多少新人呢？

三、增補選的人應受任期的限制麼？

四、增補後應仍稱第一屆呢？抑或改稱第二屆？如稱第二屆，則如何把現任第一屆的人員過渡爲第二屆？如仍爲第一屆，則現任者不受任期限制，而新任者須受限制或不受限制，皆非所宜。如何自圓其說？

五、如何使現任代表自動退休，使增補後的民意機構容易運作？

對這些問題的答案，我的意見如次：

一、要答第一個問題，可先看第四個問題和第二個問題。如果增補後的民意機關仍稱第一屆，則國大不增補選也未始不可。如改稱第二屆，則國大也應增補選。又如果立監委員增補選的人數已很多，已足增強立監兩院，則不妨減少國代增補的人數。

二、二百人也許已夠了。

三、應受任期的限制。

四、可稱第二屆。由大法官會議加以解釋，把第一屆的任期延長一屆。（立委三年，餘各爲六年。）以英國上院爲例，一部分國會議員未非不可出於聘任。

五、關於退休問題，在三、四年前，政府研討政務官退休問題時，我曾致函中央黨部張祕書長建議一併考慮監察委員的退休制度。因爲確有若干委員爲了種種原因不願做下去，但不好意思自動引退；如果國家准許退休，他們就可依據法制而心安理得的退隱了。所以將來辦了增補選，則既已有人接替，而又有退休金可得，如果再由執政黨推動一下，一定有人自動退休。

六

此外，我覺得還應該就改選問題略述所感。我雖首倡再辦增補選，但我在內心上並不反對改選，而毋寧願意樂觀其成。因爲這樣不獨比較乾淨俐落，而且我這個五、六年前早想求去的監委就可「瓜熟蒂落」，不必強求擺脫，於心不安。但我不能公然主張，因爲事實上有很大的顧慮，包括：

第一、這是對二千多個委員和代表的「大手術」，中華民國這個「病人」是否擔負得起，我很悲觀。

第二、僅由自由地區一千四百萬人民選舉代表（海外僑區只能遴選，不能普選），以代表中華民國七億人民（這就是所謂改選），以此與就原由大陸人民選舉出來的現任代表增加自由地區新選和海外地區遴選的代表（這就是所謂增補選），兩相比較，後者在法理上顯然比較圓滿和穩妥。

第三、尤其不可忽視的，憲法第二十六條規定，國民大會須由七種代表組織之。包括：一、各縣市。二、蒙古。三、西藏。四、邊疆地區。五、僑民。六、職業團體。七、婦女團體。第六十四條規定，立法委員須由六種選民選出之。第九十一條規定，監察委員須由五種選民選出之。都須包括全國各省市和特種地區。現在如果全部改選，所能產生只有臺灣地區和海外僑民的代表，不獨不便再自稱是全國七億人民的代表，而且必須修改上引三條條文，規定國民大會、立法院和監察院可由臺灣地區和海外僑民的代表組織之。這樣的大修改（包括臨時條款在內），能夠獲得國民大會的同意麼？

七

最後，請容我再複述一點：增補選假如選出立法委員一百五十人（這已超過經常出席立法院會委員的平均數），監察委員三十三人（這是現有監委的半數），縱使不把現任委員的經驗智慧和能力計算在內，縱使現任委員退休得不多，他們（新委員）已足帶動立、監兩院走向理想的境界了（我們應該期待新委員都是理想人物）。則增補選尚不失爲一好辦法，而且也許是唯一可行的辦法。

六十年十二月九日

海外地區也應選立監委

監察委員陶百川今天在監院年度總檢討會中，就現階段政治革新提出數項具體意見。

陶委員敦促政府應選舉更多之立監委員，以維持法統，及增進團結。

陶氏指出今後外交應以人事爲先。內政應以團結爲先。便民應以簡政爲先。愛民應以節用爲先。正風應以明恥爲先。

陶委員表示，現有的外交人事有一部分任地不宜，而另一部分外交工作人員已功成身退，處於養尊處優之地位，而猶被派任至外交陣線上打硬仗，這都是不太適宜的。外交工作人員有年事已高者，有學識淺陋者，因此今後必須在人事上力求改進。

內政方面今後應擴大團結之基礎。今後應選舉更多之立監委，不妨在自由地區及海外僑區進行此項選舉。

「階段性兩個中國」的展望

——「今天兩個中國明天一個中國」

行政院新聞局日前介紹一位美國記者來看我，我們談了一個多小時。我對他所問，他對我所答，彼此都很感關切。適因《聯合報》向我邀稿，檢討國是，而我們所談的正好也是當前幾個大問題，所以我乃把我們的談話擇要寫成本文，並酌加註釋，敬供參考。

一

那位美國記者問：中共幾位首腦人物最近或在不久的將來紛紛出動訪問歐亞各國，你們有些什麼相應的做法？

（註：我未能將本文送請那位記者看過，所以不應公開他的姓名。）

我答：他們去的國家，與我國都沒有邦交，我們頗感英雄無用武之地。但我國年來所進行的國民外交，卻頗有成效。

問：是不是指國際貿易？

答：以國際貿易最顯著。但人員交流的成績，特別在中日之間，也頗可觀，今後尚可擴大對象。

（註：對於有邦交的國家，我們更應大大的努力。我建議請臺灣省和臺北市議會合組一個訪問團，往訪美國三十多個州（市）議會，對它們通過支持我國的議案，表示感謝。同時也可訪問其他州議會，請它們一體支持。）

問：聽說貴國政府已對甘廼廸參議員邀其來訪，有此事否？

答：我不知有此邀請。但我很贊成。

（註：如他不來，我們也當派人去訪。在自由派人士中，他的立場較有彈性，我們應與他溝通意見。）

二

問：中共在內政方面已有修正的趨勢，在外交方面是否也已有了彈性？利比亞最近承認中共，但未表示與中華民國斷交，是否就是彈性的反映？

答：我看未必。這有待於中共是否派人前往設立使館，方可分曉。這使我想起非洲另一個國家，塞內加爾，數年前它也承認兩個中國，但中共拒不設館，最後它仍撤銷對我國的承認。

（註：果然不出所料，我國已在本月十日與利比亞斷絕外交關係。我擔心這就是所謂

「無可奈何花落去」。)

三

問：你們有很多人據說希望兩個中國，確否？

答：海外有人有此構想，他們所嚮往的所謂「兩個德國」的模式，就是兩個中國的想法。我也曾提過「今天兩個中國，明天一個中國」。前者是在維持現狀，後者是希望中國終能歸於統一。但我不信能爲中共所接受。

(註：最近李先念曾說中共曾有兩次想與臺灣舉行和談，但都沒有成功。我想這兩次試探大約是指一九五六年二月和六月周恩來的兩次表示。周恩來在那年二月說：「在中國歷史中，中國共產黨曾有兩三次和國民黨携手合作。在這携手合作期間，共產黨與國民黨並肩作戰，以抵抗帝國主義」。他又說：「我們可以戰爭去解放臺灣，我們也可以用和平手段去解放臺灣」。那年六月周恩來重申前請，「並望臺灣當局派遣代表，在他們認為適當的時候，到北京或其他適當地點，與我們開始會談」。周恩來的表示，引起臺灣的注意，中央社曾發表「某權威人士」的談話，提出五項條件，包括驅逐俄國人，土地交還農民，工商業和財產交還原有的業主，解散集中營以及

取消中共政權，效忠中華民國。

中共從此，直到現在，絕口不提和談，原來那時中共正在與美國舉行日內瓦會談，它提出要求進一步舉行外長會議。美國提出先決條件，要中共先行提供不在臺灣地區使用武力的保證。周恩來於是發出和談的信號，以期避免不用武力的保證而能騙取美國的讓步。但美國堅持原要求，於是會談停頓，和談也就煙消雲散了。最近李先念也說，現在沒有和談的可能。）

四

問：你看美國會在明年承認中共麼？

答：我不排除這可能。你的看法呢？

問：我和你一樣認爲非不可能。如果中美斷交，蘇聯的勢力會對臺灣乘虛而入麼？

答：我想不可能。如果美國都不能信任，我們還能信任蘇聯麼？

（註：但美國前耶魯大學政治學教授饒大衛博士的話，也很可玩味。他於本月十四日在臺北演講中指出：如果美國放棄臺灣，中華民國自有另找盟邦的理由。他說蘇聯渴望在太平洋取得基地，臺灣和新加坡最爲它所嚮往。按：它已取得越南的金蘭灣，如果再能取得臺灣和新加坡，把三者串連起來，將如虎添翼，無往不利。）

問：近來常從莫斯科傳出兩個中國的消息。這是說，它可能承認中華民國，而同時與中共維持邦交。你以為有這可能麼？

答：這是一個假設的問題，但很有趣。姑且不說蘇聯是否眞的有意於此，也不說我國是否願意與它復交，中共能同意兩個中國麼？中共雖與蘇聯相煎很急，但還不能與它斷交。我想蘇聯也有這種矛盾。所以把蘇聯、中共以及我國合併研判，兩個中國並無可能。

（註：雖然如此，我仍寫信忠告卡特總統，並寫「三國反霸條款與中美防禦條約」加以闡釋，希望他以及其他有關方面不要撕毀作為中美聯合反共（也反蘇共）命根的中美共同防禦條約，給蘇聯以可乘之隙。）

五

問：請談一下內政問題何如？你看增額中央民意代表選舉會有一些新氣象麼？

答：我想將較過去更守法、更公正、更公平、更公道，於是會有更多和更好的新人物出頭，包括黨內的和黨外的。

問：在國民黨外，沒有他黨參加競選，總是美中不足。政府能准許新黨產生麼？

答：我國沒有政黨法，所以有心人不知如何著手，最近也沒有人申請組黨。

問：你以為人民應有組黨的權利麼？

答：應有。依法、依理、依情、依勢都應有。

問：自從去年選舉以來，一部分人似乎已經聯合起來，他們正在醞釀組黨麼？

答：臺灣現有三個政黨，但最近還不可能有新政黨；你所指的一部分人的結合，尚停留在朋黨的階段：所謂「朋黨」（Faction）乃是同道或同利的少數人的結合，而尚未與群眾打成一片，它是中國傳統的產物，雖帝王也不能將它禁絕。如果將來氣候適宜，它們可能變成政黨。

（註：宋朝大儒歐陽修曾寫〈朋黨論〉，指出「朋黨之說，自古有之。……唐之晚年，漸起朋黨之論，及昭宗時，盡殺朝之名士，或投之黃河，曰：「此輩清流，可投濁流」。而唐遂亡矣。……周武之世，舉其國之臣三千人共為一朋。自古為朋之多且大，莫如周，然周用此以興者，善人雖多而不厭也。」）

六十七年九月十八日

禁談統一不可思議

臺灣著名學者陶百川，本月九日在臺北《自立晚報》發表文章認爲「統一乃是國家大事，關係臺灣存亡和人民禍福，非僅政府官員之責，有識之士和升斗小民莫不關切」。

陶百川是有感於臺灣立法委員費希平曾由於在立法院中提出有關統一問題的設想而備受責難，因而作出上述表示。他說，他爲此很感不平，曾馳書臺灣當局，奉勸「千萬不可焚琴煮鶴」。

陶百川感慨地說：「鑑於費（希平）、沈（君山）兩先生因討論統一問題而遭受『圍剿』和挫折，我很懷疑（臺北）政府和社會今後還能聽到和看到討論統一大業和統戰對策的讜論、忠言和高招了，這會是國家之福麼？」

陶百川最後引述孔子的一段話：「邦有道，危言危行；邦無道，危行言孫」，希望臺灣當局講理、講道，以聽取各方面的意見。

五十四年

這是什麼時代？我們怎樣面對？

《民衆日報》

監察委員陶百川，昨天在監院總檢討會中，以「過渡時代的矛盾及其統一」為題，提出一般政治檢討意見。

陶委員說：英國大文豪狄更斯在《雙城記》寫法國大革命一個故事時指出：「這是最好的時代，這是最壞的時代；這是才智的時代，這是愚蠢的時代；這是可信任的時代，這是懷疑不足信的時代；……這是充滿希望的春天，這是使人失望的冬天」。他套用狄更斯的話，指出：這是革命的時代，這是法治的時代；這是國家安全的時代，這是人權自由的時代；這是軍事第一的時代，這是七分政治的時代；這是統制經濟的時代，這是自由經濟的時代；這是錦上添花的時代，這是雪中送炭的時代。我國現在正處於過渡時代，所以思想上和行為上都不免有多少矛盾。如何求其調和或統一，這要靠大思想家和大政治家的智慧學識和指導。

陶委員提出意見如下：

一、革命和法治是矛盾的，但都是中國今日所必需。勉強把二者統一起來，則是以革命的精神來推行法治，尤其是整頓司法，而不是以革命的手段來妨害法治。

二、國家安全和人權自由也是矛盾的，但是不可偏頗，而應兼顧。我呼籲政府要切實注意憲法第二十三條、第二十四條和妨害國家總動員懲罰暫行條例第十三條、第十四條，並依照戒嚴法第二條第一項第二款和第五條的規定縮小接戰地域的範圍，以兼顧人民的自由和權益。

三、戡亂時期軍事第一，早有定論，且行政配合和預算比重，亦均以此爲準。今後應遵照總統「三分軍事，七分政治」的指導，在政治上多下工夫，使它更廉更能和現代化，以展開「政治反攻」。

五十六年十一月三日

目前現代化的偏差

總統最近強調國家現代化運動的重要，高瞻遠慮，殊可欽佩，本院自應共同推行。本院是政治方面的外科醫院，專以開刀手術拔毒去腐，雖是消極工作，但去腐方能生新，手術也有必要。現在先就現代化運動來一番體格檢查。我發現我國的現代化運動已經發生下列六種偏差：

一是重生產而忽略分配。這是歐美老式資本主義的大毛病，我國也有這種病態。例如我們不能認眞執行工會法和工廠法保障大工廠和大公司的員工以獎金、福利和最低工資等方法享受應得的盈餘。又如國家的財政收入，所得稅僅占百分之十二點六九，去年且較預算減收一億四千五百萬元。此與一般現代化國家適相反，不足以收平衡財富之效。且工廠商店的稅率最高不超過百分之二十五，其中大部分工業且不超過百分之十八。而個人綜合稅的稅率且可高至百分之五十二。相差未免過大。

二是消費而忽略節儉。消費足以刺激生產，但以我國現在資源的貧乏，自不許稍有浪費，乃去年中央政府的支出仍高於往年，其中經濟建設的支出且較前年反而減少百分之六十三。而建築官舍與增加機構和人員的趨勢則如雨後春筍，尤以近年爲甚。須知國家總決算雖已有盈餘，然如減除公債收入，則仍有赤字，故尚須撙節開支。

三是重外資而忽略保護。現代化自須歡迎外資，但也須保護本國企業。年來外國資本利用我國低廉的人力電力和地價，踴躍輸入，目前累積已達三百十家，但其中大多數並非我國所急需。例如外國製藥業和電器製造業大批在臺設廠，所受限制較少於我國工業，出品不納關稅，且有多項優待和便利，已使本國同類工業難與競爭，以後也永難發展。

四是重防弊而忽略便民。政府辦事現在特重「大印」和「小組」，而大印足以破壞分層負責制。小組會議足使主管機關或其人員不能負責也不敢負責。以言防弊則不足，但人民有所請求則推拖敷衍，以致曠時廢業，爲害甚大。而表報之多，手續之繁，處理之慢，也使人民望而卻步。

五是重精神而忽略環境。現代化的對象不僅是政治制度，經濟結構和社會組織的變革，也包括人民心理的改造。所以總統特別強調倫理與三民主義的密切關係。但是「言教」「身教」之外，尤須注意環境的改善。乃我國現在酒家、茶室、咖啡館、舞廳和公私娼妓，遍布城鎮，對青少年的誘惑和公私道德的腐蝕，禍害不可勝言，決非言辭文章所能把它對消。又美國政府強迫煙商在每支香煙上加印「吸煙有害健康」，英國政府不准電視臺傳播香煙廣告。我國香煙公賣政策自非所宜。

六是重民主而忽略議會。政治的現代化就是民主，而民主的重心乃是議會。故重民主必須重議會。議會掌有預算權和立法權，議會不動，行政就停。議會又掌有審計權和彈劾權。議會盡職，政治必能更臻清明。所以朝野上下必須以關切行政者關切議會，同情它，幫助它，當然也要勸勉它，推動它，使它更健全，而後政府乃能更廉更能。

爲政如扶醉人，扶得東來西又倒。但大政治家必須能正本清源，同時也要補偏救弊。五中全會正在勵精圖治，所以我也及時提出檢討意見，要求本院各委員會研討處理，臻於至善。

五十六年十一月十八日

國慶可慶之道何在？

我國國慶之所以可慶，理由很多，例如「驅除韃虜」，但最大的，乃是「建立民國」。因爲如果推翻了滿洲人的統治而代之以漢人的帝制，有如後來的袁世凱，則以暴易暴，拒虎進狼，人民遭受荼毒，國慶便不足慶。

所謂「建立民國」，是建立民主的國家。而民主國的政治境界，比較共和國的，更上層樓。因爲「共和國」可以是民主政治，也可能是一黨專政或一人獨裁，有如蘇聯和毛共專政獨裁，它們都稱爲「共和國」。

依照中國革命導師 國父孫中山先生的政治哲學，民主政治是「爲民所有，爲民所治和爲民所享」。它不僅要求政治的民主，也包括社會的民主和經濟的民主。所以理想很美，境界很高。同時，他也有一套實施方案，其中最基本的一項，是「人民有權，政府有能」。它與那些獨裁政治正好相反，後者是政府有權，人民無能。因爲它們的人民都已變成瞎子、聾子、啞子和呆子，不准看、不准聽、不准說，也不准想，他們還能有什麼能力呢！

獨裁國家未始沒有憲法，但憲法有如一個空酒瓶，可裝好酒，也可裝毒酒。它們那些憲法，都已成爲毒害人民的工具。

國家究竟是民主還是獨裁，一個試金石乃是有無兩個以上的政黨。民主國家都具備這個條件，而獨裁國家則只許有它自己的一個政黨，由它包辦選舉和製造輿論。

民主國家都准許並保障人民的言論自由和新聞自由，而獨裁國家則不許人民有說話和不說話的自由，一切大衆傳播工具，包括報紙、雜誌、電視、廣播和書籍，都由政府獨占經營，只登政府片面的消息和意見。

此外，國父領導革命，建立民國，不僅抱著民主的宏願，並且創建一套理論和方案。而且他爲保持革命的成果和促進國家的統一，在只做了四十餘日的總統後，便把權位讓給袁世凱。袁某後來帝制自爲，使他大失所望，但他這種「天下爲公」和「與人爲善」的精神，也是民主政治的重要條件，以及不同於獨裁政治的精神分野，值得加以強調和發揚。反之，如果執政當局以天下爲私以及不許他人有爲善的機會，有如最近印度甘地夫人之所爲，則民主政治就沒有生存下去的可能了。

自從希臘在西曆紀元前六百年和四百年之間發明民主政治以來，它經歷了千錘百鍊而其命維新。方法當然尚可斟酌，但原則卻絕對正確。尤其在我國此時此地，它不獨是國民革命的歷史任務，更是鞏固朝野團結的紐帶，加強世界敬愛的基礎，推進反共大業的號角，我們更當動心忍性，努力求其發揚光大。

現在天下擾攘，大陸黑暗。在這雙十國慶前夕，我遙祝，並欣慰中華民國保持革命傳統，發揚民主政治，以「自由、平等、博愛」的火炬，燃起大陸同胞的希望，照亮重建民國的道路。

六十四年九月二十六日

促進新聞界的自律自強及其評議

我由《聯合報》和《中國時報》（《徵信新聞》）的推薦，自民國五十五年至六十一年擔任臺北市新聞評議會的委員，對新聞界的自律自強和評議，曾一再提案推動，茲略加報導。

一

陶委員百川提：各報常見有以醫藥廣告而作爲新聞登載者，使人易於上當，有違新聞道德，提請討論案。

決議：

一、本會認爲各報不應以新聞之方式刊登廣告。

二、本會認爲各報不應刊登內容猥褻之廣告。

三、由祕書處分函各報調查刊登廣告內容之標準，並草擬對本案之決議文草案，提出下次會議討論。

五十五年十月二十八日

二

陶委員百川提：關於我國新聞自由及新聞自律情形，似亦應作專題研究，列爲叢書出版。

決議：由本會出版《中國新聞自由與自律》一書，分章執筆，由主任委員（成舍我）會同陶委員和王祕書長（洪鈞）擬訂出版計畫，提下次會議討論。

五十五年十二月二十八日

三

由成主任委員會同陶委員及王祕書長，根據本次會議各委員發表之意見，補充修正「對報紙醫藥廣告問題決議文」草案。決議文如左：

一、臺北市報業新聞評議委員會鑒於臺北市各報所登醫藥廣告間有違反新聞道德，妨害公眾利益，依據中國新聞記者信條第七條：「吾人深信：報紙對於廣告之眞僞良莠，讀者是否受欺受害，應負全責。決不因金錢之收入，而出賣讀者、社會之風化與報紙之信譽。」於徵詢各報負責人及專家意見後，提出下列建議：

㈠醫藥廣告必須標出衞生官署所發藥品許可證或醫師開業執照之號碼。

(二)醫藥廣告不得使用近於猥褻或顯然誇大渲染藥品效力之文字。

(三)模仿新聞報導或專論之醫藥廣告，應於其標題附近加註顯明之「廣告」字樣，以資識別。

(四)拒登對醫師或藥品之鳴謝啓事。

(五)拒登未經主管機關依法許可之外科美容整形廣告。

二、上項建議送請臺北市報業公會採納辦理。

五十六年一月三十一日

四

陶委員百川提：常見各報報導少年事件，在法庭審理或竟判處該少年罪刑，而未經法庭公布，即已刊登其姓名、照片或家長、家屬姓名等，應如何促請各報注意，謹草擬決議文一種，敬請討論案。

決議：決議文修正通過送請臺北市報業公會採納辦理。

決議文如下：

一、少年之可塑性甚大，即使偶觸法網，亦應加以憫恕，期其改過從善，變化氣質，卒成好人。依照少年事件處理法第七十六條之規定：「關於少年付少年法庭之審理，或少年犯罪受刑事追訴之事件非經少年法庭公布，不得在新聞紙、雜誌或其他出版品刊登記事或照片，使閱者由其所登之姓名、年齡、職業、住居所或面貌等，足以知悉其人爲該事件付審理或受追訴之人。違反前項規定者，得由該法院依出版法之規定予以處分」，新聞記者報導少年事件，自不應發表該少年之姓名，以免傷害其自尊或妨害其自新。卽使該少年已移付法庭審理或竟判處罪刑，如未經法庭公布，亦仍不得刊登其姓名或照片。他如職業籍貫或住所等，凡足以從而知悉其爲何人者，亦應一律避免。至其家長或家屬既非當事人，自更不應刊登其姓名，以發揚新聞道德。

二、上項決議送請臺北市報業公會採納辦理。

五十六年十一月六日

五

祕書處遵照陶委員百川之指示曾分別收集臺北市各會員報刊登涉及報紙審判之新聞標題及其內容，如何處理，敬請討論案。

決議：由祕書長繼續蒐集該項資料，並請本會祕書長作研判報告。

五十七年一月二十五日

六

陶委員百川提：擬請制訂「新聞道德綱要」，作爲本會評議案件及供新聞界之參考。茲擬具辦法，提請討論案。

決議：在實際制訂「新聞道德綱要」前，先進行如下兩項準備工作。

一、譯印施蘭謨所著的《大衆傳播的責任》一書，作爲研究和討論的參考。

二、關於委託國內新聞學研究機構，蒐集臺北市報紙每日記載（包括廣告）違反新聞道德實例並加評述一節，請徐祕書長依據陶委員指示之原則，擬具詳細實施辦法。

五十八年六月十八日

七

陶委員百川轉來林鐘康先生致其本人之投書一案。林氏指出二月十日晚之電視新聞中，曾播映海關焚燒偸運入境而被沒收之鰻苗鏡頭。林先生對那七十萬尾的小生命被置於熊熊烈火下結束了牠們的生機，認爲太殘忍。此等殘忍鏡頭有無違背道德之處。

決議：由本會祕書處分函中華民國電視學會及臺北市報業公會，轉知其會員單位勿播刊類似圖片。

決議文如下：

今年三月二日本會舉行第八次委員會時，曾討論陶委員百川轉來林鐘康先生致其本人之投書一案。林氏指出二月十日晚之電視新聞中，曾播映海關焚燒偷運入境而被沒收之鰻苗鏡頭。林先生對那七十萬尾的小生命被置於熊熊烈火下結束了牠們的生機，認爲太殘忍。此等殘忍鏡頭有無違背道德之處，經與會委員討論後決議如下：「根據中國新聞記者信條第六條：『副刊文藝、圖畫照片，應發揮健全之教育作用，提高讀者之藝術興趣，排除一切誨淫誨盜驚世駭俗之讀材，與淫靡頹廢、冷酷、殘暴之作品』之規定，由本會祕書處分函中華民國電視學會及臺北市報業公會，請其轉知各電視公司與會員報，玆後請勿播映及刊登類似之殘忍鏡頭與照片。」會後本會祕書處已遵照上述決議辦理。臺北市報業公會亦已將本案轉函各會員報，並將副本函寄本會。

六十一年二月二日

八

陶委員百川提：今（二十六）日報載臺北三家電視臺簽訂自律公約，擬請祕書處洽領該公約一份，並研究其內容，可否，請討論案。

決議：照辦。

六十一年五月二十八日

九

陶委員百川提：本會下次開會時，擬請閻沁恒、徐佳士、李瞻教授參加，以便瞭解本會委託之「中國大眾傳播事業之道德問題」研究計畫進行情形，可否，請討論案。

決議：通過。

六十一年九月二十五日

十

任飛先生祕書長並轉滄波先生主任委員尊鑒：

上次本會討論祕書處所提研究《紐約時報》公開越戰密件案，弟認為該項提案及研究，極有價值，深表讚許，並提及弟曾有長函致《聯合報》就該案例略加論列，呼籲本省各報應有責任的自覺。茲將該函抄請指正。如以爲可供本會委員之參考，擬請列入下次會議議程報告事項，但仍請卓裁。

弟陶百川

六十一年九月七日

（附載）「自由人」參加記

阮毅成

民國四十年三月七日，《自由人》正式創刊。一紙風行，各方面咸予重視。尤其是程滄波兄所寫的發刊詞，爲一篇代表知識分子愛國反共心聲的大文章。義正辭嚴，擲地有聲。

十月十七日，行政院院長陳辭修先生，約在臺《自由人》同仁，到他家中午飯。到王雲五、陶百川、程滄波、胡秋原、樓桐孫、王新衡、許孝炎諸君及我。另有陶希聖君在座作陪。主賓不拘形式，閒談各事。坦白直率，頗爲難得。

陳首謂希望不久亦能成爲自由人。次謂各位希望的是自由，而政府要求的是法治。

我即答謂自由與法治，絕不衝突。先生之言，宜改爲人民要求的是法治，而政府所給與人民保障的，則爲自由。

滄波詢陳對於法治與民主的見解。

陳謂法治之意，卽係政府與人民共同守法。至於民主，因本人係軍人，曾有在軍隊中實施民主的經驗。並舉一例。謂：一二八淞滬抗日之役，時正因剿匪，駐防江西吉安，中央命赴滬馳援。但同時接獲下級情報，知中共將趁上海戰事之便，欲先取贛州，而後南下廣東，北攻武漢。地方民眾亦攀轅請願，請勿移師。此時人人均願赴有名有利之上海，不願留居困苦的贛省腹地。乃致電中央請示行止。時總裁下野，孫科任行政院院長，復電謂：「請兄權宜處置可也。」遂舉行幹部會議，用民主方式，徵求眾意。居然人人願意留贛，先行解決中共。時已多日未曾領到餉金，問中央無人負責。問江西省政府，亦謂庫存空虛，可就地籌款，日後由省府歸還。陳以向不願就地取給，乃電問南昌行營，可否動用中央存在泰和之糧米。復謂非萬不得已，不可動用。陳認爲已至不得已時期，乃再召集會議，人人願意肩負十天糧食，馳援贛州，終將彭德懷圍城兵力打垮。其部下師長三人，一被俘，一陣亡，一投降。當時如不用軍內民主方式，恐不能有此戰果。故平素對民主力量之偉大，早注意及之。

陶百川謂外間對軍事方面無所批評。惟對於軍法權之過分擴充，實不滿意。陳謂今日行政院會議，已決定將戒嚴法第八條所列各項，以一部分移歸司法。但軍法方面仍不能不保留一部分，以臺灣目前尚需要安定。惟政府之趨勢，亦已於此可見也。

談至此，樓桐孫對目前臺灣司法狀況有所陳述，認爲未必優於軍法，希望陳加以整頓。陳亦承認司法行政部部長林彬雖有改革決心，但不能完全泯除司法界內人事界限，許多工作無法推動。

飯後閒談，陳謂近日胃已大好，但肝臟有硬化現象。鼻端發紅，亦係因此。後來，陳於民國五十四年三月，在臺北逝世，卽係由於肝疾，距此又十四年。

民國四十年下半年，《自由人》同仁爲：王雲五、王新衡、端木愷、程滄波、胡秋原、吳俊升、黃雪村、閻奉璋、樓桐孫、陳石孚、陶百川、陳訓悆、雷震，及我。在港者尙有左舜生、金侯城、許孝炎、成舍我、劉百閔、卜少夫、雷嘯岑。其後在臺參加的，有徐道鄰兄，共二十二人。在臺同仁乃公推王雲老爲董事長，因刊物在港出版，推左舜生爲在港之代理董事長，就近處理刊務。成舍我爲社長，我任港臺雙方同仁間的聯繫工作，並無名義。惟爲對內對外接洽方便，也有人稱我爲總幹事。而自由人社因迄未有組織章程，也未在臺辦理社團登記。四十一年一月十日，同仁在王新衡兄宅餐敍，端木鑄秋（愷）兄甫自港返，謂港方同仁最近決定取消社長制，亦推左舜生代董事長，成舍我爲總經理，劉百閔爲總編輯。三月七日及十五日，在臺同仁兩次餐敍，均決定仍採社長制，並仍推成舍我兄任社長。

《自由人》在香港創辦之初，同仁常有餐會，交換意見。在臺同仁，於民國四十年七月十二日起，舉行聚餐或茶會，由同仁輪流作東，平均每兩週一次。除談自由人社各事外，亦泛論時局，交換見聞。第一次由端木鑄秋兄約集，地點在臺北市西寧北路臺灣鐵路局招待所。

《自由人》並無固定經費來源，創刊之初，參加者各認捐至少港幣一千元。港府出版登記保證金，初爲港幣三千元，後增爲一萬元，均已照繳。辦公在高士威道，不需房租。印刷紙張費用，因係在《香港時報》代印，均可暫欠。稿件多由同仁自寫，並不計較稿費。發行收入，因係委託代銷，未能隨銷隨收。臺灣行銷收入，因政府管制外匯，不能結匯至港。民國四十年十二月十一日，王雲老、樓桐孫、黃雪村、及我四人，被推赴行政院，訪祕書長黃少谷，請其通知臺灣銀行，准予結匯寄港。民國三十五年十一月，舉行制憲國民大會時，我曾在南京，與黃有一面之緣。是日，爲來臺後首次見面。黃允必將此事辦通，但須自由人社正式致行政院陳院長一函。我乃函告港方，由左舜生、成舍我兩君具名函陳。然發行收入有限，仍屬不敷開支。港方曾謂每月有港幣二千五百元即可，而成舍我兄則謂月需港幣四千元。在臺同仁每次聚談，皆以籌措稿源與財源爲話題。關於籌款事，則在民國四十一年三月一日在臺同仁餐敘時，成舍我兄自港來，報告謂《自由人》創辦一年，已虧去港幣三萬三千元。不但捐款收入港幣二萬三千九百六十四元，均已用罄，其他尚欠帳未付。十一月一日，同仁集會，又再各認捐。但《自由人》只恃同仁認捐與發行收入，仍屬不敷支用，必須向外募捐，其對象以上海旅臺或旅港之工商界人士爲主。曾有人提出不妨向在美之過去政府中任財經首長者募捐，爲同仁所反對。募捐之責，每推王新衡與端木愷二兄擔任。王與端木兩兄到處奔波，隨時化緣，並不容易。吳開先兄亦曾多次爲《自由人》募捐奔走。

關於催稿事，民國四十二年八月八日下午，在臺同仁舉行茶會，推徐道鄰、程滄波、樓桐孫諸兄，負催稿之責。次年元月二十五日，再推徐負責催稿。他乃排定次序，按時索催，頗爲認眞。我遂常成爲被催的對象，現在尚存有他當時向我催稿的信。如：「三月六日，兄應有一篇大文章交卷，乞注意。」並在大字旁，加上雙圈。「請兄爲《自由人》寫一文（非通訊），九月十七日交卷，辦得到否？」「尊稿十七日到期，特提醒。」「兄上次大作，係九月十五日交卷，仍請於十一月十二日左右賜一篇，兄近日必有滿懷欲吐之言也。」

四十三年十二月五日午，端木鑄秋兄約在臺同仁餐敍。推定程滄波（兼召集人）、成舍我、徐道鄰、樓桐孫、胡秋原、陶百川、黃雪村，組織編輯委員會，每週餐會一次，審閱投稿。並撰寫文章，每期供應港方六千字至八千字。我其時適任中央日報社社長，公務忙碌，且已經常撰寫通訊，故未列入。

《自由人》三日刊，在港出版至民國四十八年九月十三日停刊，此係在港同仁之決定。計自民國四十年初創刊，勉歷九年。香港出版的《祖國週刊》，寫有〈悼自由人〉一文，謂「《自由人》停刊，顯有特殊隱情。」除此之外，輿論界一無反應。其實，完全沒有隱情。書生論政，既無強固的組織，又無充分的經費。同仁多在臺灣，出版則在香港。臺港相距非遙，但在若干問題的看法上，究有距離。指揮聯繫，皆不靈活。加上選稿有時欠當，遂使臺港之間，更難合作。

人事不臧，亦可見讀書人之終不能成大事也。

九月二十二日，我訪王雲老，雲老謂如成舍我兄願在臺辦刊物，不妨約集原有同仁，另起爐灶。二十四日，端木愷兄與我，在端木宅聯合舉行茶會，原《自由人》在臺同仁均到，另有徐佛觀兄，亦係能文者。決定如能在臺復刊，推成舍我兄主持，成謂恐中央未必贊同在臺出版。時陶希聖氏新任中央宣傳指導委員會召集人，我乃於二十五日，訪陶，謂：「《自由人》原發起人，多數在臺。今在港停刊，如爲他人利用原名義復刊，不如准由在臺同仁，在臺出版。」陶深表贊同，並盼及早辦理。晚十時，我訪舍我兄告之，舍我兄謂喜出望外。次日午後，我訪王雲老告之，雲老亦極表欣慰，並希望舍我兄積極籌辦。晚間，我以雲老之言，在電話中告知成。二十七日午，成來，同訪雲老，籌商此事。自王宅出，舍我兄又同來我家，就各項具體問題，交換意見。十月一日，我再訪陶催辦，陶謂日內即提宣傳指導委員會商討。三十日，又訪陶，陶謂：「《自由人》在臺繼續出版事，內政部意見只能辦週刊，如辦三日刊，須視同報紙。在報禁未解除前，不能批准。」我於晚間訪成舍我兄告之。舍我兄謂如事先未能獲得政府充分了解，不必出版。《自由人》既在臺復刊不成，於是《自由人》三日刊，乃永成爲歷史上的名詞了。後來，雷嘯岑兄在香港出版《自由報》，乃係另一新刊物，與原來的《自由人》，完全無關。

五十八年六月十一日，端木鑄秋兄，約集昔年在臺《自由人》同仁午餐，因他覓得四十一年三月一日，同仁在臺北銅山街十二號所合攝的一張照片，上有各人簽名。特加印分送，以爲紀念。我於席間，題詩一絕：「何須往事說忠貞，渡海原爲不帝秦。十八年來俱未老，最難長作自由人。」

七十二年十月二十九日　補記

讀書人與國運的興衰

有一次在監院圖書館中，陶百川委員曾對記者表示「讀書人與國家政治」的關係。陶委員說：讀書人對於國家的影響幅度，大致可以決定某一國家的命運，其幅度大者則必興盛強大，反之則衰弱腐敗，證諸歷史，斑斑可考。陶委員拿美國爲例指出：除對美國強盛原因不是求之於帝國大廈與各大企業大王，而是必須求之於各學術機構與學校。如將哈佛、耶魯、哥倫比亞、普林斯頓、痲省理工學院、史丹福等毀棄，則美國今日所剩下的不知有多少？

陶委員爲整個中國官場找不到書卷氣而感到難過。他表示：中國不知在何時開始，「書生」一詞竟成爲一個輕薄的名詞，眞正的讀書人出路困難，整個官場甚至整個社會充滿著霸氣與市井氣，不合法的事情與不守法的所謂「特殊階級」時有所聞，權勢掩蓋法律，法律不爲顯要所遵守。這位憂時憂國的監察委員認爲：唯有讀書人的衰落，才是可悲。

六十一年二月六日

考試閱卷錯誤怎樣補救？

《大華晚報》

留學考試已於前天放榜，如應試人認爲閱卷評分有錯誤，可向主辦該項考試的教育部申請補救，如果遭受拒絕，可向監察院請求，由監察院代爲調閱原卷以謀補救。

據悉：監察院已做好各項準備工作，準備接受應試人的申訴，遭受主辦考試機關拒絕補救的考生，必須在放榜後三個月內向監院提出申訴，經監院輪值委員，依照規定認爲有理由時，得代表考生向主辦考試機關調閱原卷。

考試院舉辦之高、普考試及特種考試，行政院各部會主辦之特種考試之應試人，亦可以向監院提出此種申訴，但大專聯考、中學聯考不在監院接受申訴範圍之內。

監察院決定如此做法，乃是根據陶百川委員的一項提案，陶委員認爲政府舉辦之各項考試，閱卷評分難免有誤，應該訂出一種補救的辦法。

陶委員的提案曾經監院教育、內政兩委員會詳加研究，兩委員會並曾邀請考選部長李壽雍、教育部長閻振興舉行座談會加以討論，最後制成兩項辦法提報院會，經院會通過後施行。這兩項辦法：其一是由監院函請考試院、行政院對高、普考、留學考及特種考試之評分錯誤，研究補救辦法，其二是由監院代考生調閱原卷，交應考人到監察院查閱，以謀補救。

五十六年七月十九日

違警罰法是否違憲？

監察院曾在十九年前，以「違警罰法是否違憲？」請大法官會議解釋，但是迄無下文。監察委員陶百川曾表示，根據憲法第八條的規定，「人民身體之自由應予保障，除現行犯之逮捕由法律另定外，非經司法或警察機關依法定程序，不得逮捕拘禁。非由法院依法定程序，不得審問處罰。非依法定程序之逮捕、拘禁、審問、處罰，得拒絕之。」則違警罰法由警方直接處理，不經司法機關而爲判決的規定，其是否有違憲法保障人民自由的精神，自不無疑義。

違警罰法是行憲前所制訂，行憲後曾於民國四十三年修正，他認爲該法在行憲前爲維持社會治安，尚有存在之理，但是行憲後特重民權，而該法純以治安著眼，僅由若干警察之手，便定人民之罪罰，實應予廢除。

尤其違警罰法最多可處七日拘留，必要時又得延長至十四日，此對人民之損害不可計數，倘警察機關又得吊銷商號營業執照，簡直過分。

他表示，如果違警罰法不能廢除，則至少應作大幅度修改。在法院設簡易法庭，專門受理違警事件的判處及訴願，如此既能符合憲法由法院依法定程序審問處罰之要求，亦較警察機關的判處周全。

卽使仍須由警察機關處理違警案件，則警察機關只能罰鍰、申誡，而不得作拘留之處理，亦不能吊銷營業執照，凡涉及必須拘留之事件，仍應移交地檢處，而如認應吊銷商號執照，亦須通知發照機關辦理，使之跳出違警訴願的範圍，納入行政訴願的正常系統，俾人民得以依照訴願法的規定，謀求行政救濟，方能解決違警訴願有名無實以及訴願制度不盡統一的問題。

促設煙毒勒戒所

監察委員陶百川、陳翰珍今天在監院院會中提案，政府應該設立煙毒勒戒處所，並設定六個月的期限，對吸毒自首施戒者減刑緩刑。

兩位監察委員係在提案中說：煙毒已成爲世界性之禍患，在我國亦漸趨嚴重，政府不予勒戒，法院只管審判，患者在案發前又皆畏罪不敢投醫施戒，以致陷溺益深，流毒益廣。除省市政府應照高等法院檢察處最近建議勒戒處所外，政府可否設定六個月之期限，對吸毒之自首施戒者，准予減刑及緩刑，以示哀憫而收宏效；至對販賣運輸毒品等人犯，應依法嚴懲，自不待言。院會經討論後，已決議交內政、司法委員會研究處理。

六十年五月十八日

聯考舞弊案怎樣處理？

監察委員們今天在監察院總檢討會中，紛紛對大專聯考發生舞弊案提供意見。

陶百川在發言時提出六點意見：

一、希望不要因舞弊案而貶抑聯考制度的價值，因爲如果各校單獨分別招生，勢將發生更多的舞弊案子。

二、偵查機關最當注意偵查聯招會職員是否勾串舞弊，例如塡發准考證，在試場中核對照片，以及准予註册的人，都應加以調查。

三、以犯罪惡性及情節論，槍手集團負責人最重，槍手和考生家長次之，考生最輕，因爲考生多半都是尚無自主能力的青年，如果出錢買槍手，必定出於家長的安排。所以，這些考生是值得憫恕的。

四、槍手和被代考入學者如果已經畢業或出國留學，不應取消他們的畢業資格和開除他們的職務，因爲他們應僅就舞弊犯罪的行爲負責。例如一個小偷偷了一萬元去做生意，結果發了十萬元的財，案發之後，當然應就偸竊判刑，並追繳所偸的一萬元，但卻不能將他依法所得十萬元併予追繳。

五、對於因舞弊入學現正就學的學生，應取消他們的學籍而承認他們所修的學分。

六、希望依法懲辦所有涉嫌的人，但不要從而懷疑全體考生。

辦好選舉的關鍵問題

方才聽到舒子寬議員說的種種委曲，過去本來亦有所聞，不過還沒有了解得這麼眞切。幸而舒議員還是當選了，這可證明臺灣還是講究民主和法治的，不過辦法訂得不很好以及執行的人太不守法而已，而這也是要不得的。

她方才說到選舉監察委員會以及選舉事務所，它們對選舉候選人常有所處分，但沒有救濟辦法。這個問題很重要。因爲有權的人常常要濫用權力，孟德斯鳩有一句話，唯有以權制權才能防止濫權，那就是說要以另一個權來制衡這個權。選舉監察委員會以及選舉事務所的處分，要是濫用了權力，就當有制衡它的力量和機會，這就是舒議員所呼籲的救濟辦法。

選舉訴訟尚不合理

這次的選舉辦法，它的第四十八條就不夠合理。該條規定：「選舉訴訟應由高等法院受理，以一審爲限，不得上訴，而且也不得提起再審之訴」。選舉訴訟由法院審理，這自合於制衡之理的，但不准上訴和再審，這就不夠合理和合法了。而且同條第二項指出：選舉訴訟適用民事訴訟法的規定，這就更顯得自相矛盾。因爲民事訴訟法規定，訴訟標的在八千元以上時就可上訴於最高法院（八千元是銀圓，合兩萬四千元臺幣），但是選舉訴訟的判決可使當選無效，也使整個或一部分選舉無效，但只能在高等法院一審就結束了，不能上訴最高法院。而且，假如後來發現新事實或新證據，證明那次選舉的判決是違法的，便應該加以救濟（這就是再審制度），但目前卻不准再審，那就無法救濟，這是極不合理、極不公平的。對於這個缺點，現在恐怕沒有補救的可能了。

我很欽佩大學雜誌社很快的舉辦了這次的座談會，但是政府跑得更快，也許這是一種新的精神。希望以後人民要和政府來一個競賽，知道政府跑得快了，我們若是對於政府措施有什麼意見，有什麼運動，就要提高警覺，跑得更快，更先。方才主席說，《大學雜誌》不是一個政治團體，我看過去幾期，很富於學術性和理論性。我今天提出這個理論問題，希望今後再辦選舉時，選舉訴訟既然是使用民事訴訟法，就不應該一審就予以結束，而必須可以上訴到最高法院。而且，即便確定以後，發現了新事實、新證據，還是應該有所救濟，准許再審。

有人也許會辯說：選舉訴訟，必須速結，如果准許上訴或再審，勢必曠時拖延，自非所宜，但我以爲「欲速則不達」。愼重和正確，也同樣重要，甚至比迅速尤有過之。如果案件必須這樣速結，則國家何必要有三審制度呢！如果選舉訴訟可以不要三審，只許一審，則何事方需三審呢？那有任何一件民事官司會比選舉訴訟更重要而必須三審呢？這樣一來，三審制度不是根本可以一律改爲一審制度麼？

而且，選舉訴訟何以必須速結呢？一個候選人當選後就可行使職權，選舉訴訟提出時，他也許依法已在行使職權了。假使一件選舉訴訟每審需要一個月，則兩審也僅費時兩個月而已。多一個月而有三審的機會，比少一個月而一審終結，對國家和當選人都有好處，爲什麼要這樣趕緊的草草終結呢？

至於再審更不可少。再審是對判決錯誤或違法的補救；民事訴訟法列舉有十五條款之多，都非糾正和補救不可！選舉訴訟的錯誤和違法，爲什麼不許補救呢！何況，再審並不當然停止原判決的執行，與原案的迅速判決和執行毫無影響；增選辦法更無將其否定的必要和理由。

選務機構權力太大

另外一點，也是我不以爲然的，就是第二十六條。因爲該條規定：在競選過程中，如果地方法院首席檢察官發現候選人有違法競選的事情，可以報告最高檢察長核定，並取得選舉事務所核准，取消該候選人的資格，不准繼續競選。這將如悲悼諸葛亮的兩句詩：「出師未捷身先死，長使英雄淚滿襟」。

合理的辦法是遇到違法情事，檢察官應即加以阻止，如情節嚴重，可依該法第四十二條訴請法院判決他當選無效。

有人也許又會辯說：候選人違法競選既可取消他當選的資格，當然也可取消他候選的資格，後者不是更及時、更乾脆、和更方便嗎？我說是的！但必須由法院加以「審」和「判」。而不應由辦理選舉的行政人員和檢察官（他們都須奉命行事，不能也不應有獨立行使職權的權力，如法官所能享受者）予以取消。如果說候選人資格可由選務人員和檢察官將其撤銷，則他們也應有資格取消當選人的當選資格，而不必經過法院法官的審判了。好在增選辦法已照民主和法治的常規，規定由法官審判選舉訴訟，我建議索性民主和法治到底，讓法院經過審判去撤銷候選資格（如果時間來得及）或取消當選資格（如果判決在當選之後）。

競選經費關鍵作用

除此之外，我還想就競選經費問題提出兩點意見：一是消極的，國家要限制有錢的候選人以金錢去操縱選舉；一是積極的，國家要給候選人適當的補助，使無錢的人也有宣傳的機會。

現在候選人的政見發表會是公辦的，宣傳品也是聯合印在一起而由政府分送給選民的。用意都很好，但不可因此排除候選人自己所辦的政見發表會，更不可禁止候選人自己印發宣傳品。因為要使選民有認識和選擇候選人的可能和機會，僅有公辦的宣傳是不夠的。

為防止金錢操縱選舉，有些國家定有限額，例如對每一選民平均只許用多少競選費，如果他的選舉區內的選民是七十萬人，對每人可用兩元，他的競選經費便不得超過一百四十萬元。有些國家並且規定候選人要把他的費用於選舉完畢後列册報告選舉事務所，聽任其他候選人查閱，看看有無漏報或僞造。

在積極方面，有些國家爲候選人建立廣告牌，候選人可以免費貼上宣傳品；也有國家准許候選人對其選民免費寄遞宣傳品，對每人各一次。在總統競選時，有些國家並規定電視宣傳的同等機會和同等時間。

就這裡的選舉來說，競爭雖不及有些外國的劇烈和多采多姿，然而，如果可以任意花錢，有錢的候選人可以包下電視時間儘量宣傳，沒有錢的候選人就大吃其虧了。如何使選舉是選人而不是選錢，我們要設法預防。

揭發醜聞大力改革

我方才聽了舒議員的補充報告，想起四十年前，在美國求學時的一本暢銷書，叫做 *The Great Game of Politics*，報導美國的政治賭博和政治把戲，充滿競選的醜聞和傳奇。那本書當時非常暢銷，但是現在已經沒有人看了。因爲四十年以前，美國這些醜聞，經這些教授們揭發出來以後，喚起了大家的注意而加以改進，現在美國選舉已較合理合法多了，那些花樣已不存在，所以那本書也沒有人要看了。從現在開始，我們大家對選舉也要加以注意並研究和督促大力改進，希望這次的選舉，不要再有舒議員所說的花樣。我也願意盡一點責任，把大家的話反應給政府，不許再玩那些花樣，以保持國家的體面。

六十一年七月八日

〈美國政治道德的新里程碑〉附載

論政治的道德律與責任感

——陶百川〈美國政治道德的新里程碑〉讀後

前天本報刊出陶百川先生自美寄來的專文，題爲「美國政治道德的新里程碑」。在那篇文章裡，作者開宗明義便說「他山之石可以攻玉」，所以介紹幾件有關美國的政治道德的事。

文內首先憶起艾森豪總統時代的空軍部長戴巴德的事。戴氏身爲富商，任職前賣去所有的股票以斷絕與企業界的關聯，但保留了一家小公證行的股權，以不爲該小公司謀利爲條件，擔任職務。在任內時，這家小公司與ＲＣＡ的訂約期滿，希望續約，就在此時，戴巴德部長曾在電話中向ＲＣＡ負責人表示了願見其續約的話。這段話並無錄音，只是由ＲＣＡ的法律顧問宣誓後的證言中透露。戴巴德便因此丟了官。

我們還可以代作者加上一件也是艾森豪時代的故事：艾森豪的祕書長——當時的白宮幕僚長——亞當斯，當時曾是美國政壇上約略相當於別的國家的內閣總理的重要巨頭。他只爲了接受一個商人的一件祕魯駱駝毛外套的餽贈，曾打電話去稅局查問有關那家公司的一件處分案件。他雖然未曾正式干涉過什麼，他的電話也未被錄音。但是他仍然以自動辭職平息了爭端。

此外，尼克森總統的水門案本身，應被世人接受為美國，作為一個有責任感的政治社會的正面例證：老實說，像尼克森總統的部屬所作的那些竊聽活動，不只美國競選時很常見，在別的民主國家內，類似的競選越軌行為也不會太少。然而，尼克森總統一旦有了掩蓋之形跡，便不得不在輿論攻擊之下掛冠求去。我們毫不憐惜尼總統的去職；他罪有應得。但不能不對那個足使一位梟雄總統因一件似乎無關緊要的小事，而一籌莫展，必須作政治自殺以謝國人的社會防腐力，致由衷的敬佩。

世界上所有的政治社會，如果不能以道德律、責任感為基礎，單單從刑罰上求答案，以建立紀律律在歷史上是十分不易見效的工作。美國，和別的高度發達的西北歐國家，法律可說是異常寬弛。有的時候，寬弛到了足以鼓勵人們從事違法亂紀的程度。一件證據，非認證確鑿，絕少可疑，就不能採信。而對於採證的方法，卻又多方加以限制。在許多情形下，偷聽的電話不算證據，偷攝的照片不算證據，假裝同夥誘人吐實的方法也不算證據。在此重重限制下，要抓到人的痛腳眞是談何容易。更何況對於居高位的人，個個都有惹他們不起的想法。然而，一個普通老百姓的宣誓後證言，縱然並無錄音，也沒有人在旁耳聞，都被接納。而被批評者也毫無反擊，就掛冠而去。拿這一點來與日本最近還在發展中的鬼頭法官案例相比，其間的差距實令人歎息。在鬼頭案件中，雖然鬼頭打給三木的電話已被錄音而無從抵賴，他的談話又如此強烈的暗示到許多政治詭計，並超出了一個承辦檢察官的打聽資料的範圍，這位鬼頭仍然死不承認。甚至對於質詢問題一味不予回答，他也毫無掛冠以明責任的表示。以此例彼，我們不能不慨歎美國及其他西方國家，作爲一個政治社會，其道德律、責任感，確實是養之有素的！

我們相信，在一個公開社會裡，政治道德和責任感是國家進步的基石，也是政府維持其久遠紀律與制度的不二法門。從歷史的眼光看，任何社會能維持其政治道德和責任感的莫不興盛。反之，縱或能一時興起，終難長期享受繁盛。

西方世界經過四、五百年的興旺與富庶，社會的腐化現象雖然不時出現，但都能轉變、澄清、排除、淨化，仍然歸於強壯。這和東方諸國歷史上以二、三百年爲一週期，繁榮富盛產生腐敗，腐敗產生變亂，以變亂爲代價再歸於安定的軌跡，相差頗遠。西方世界在近代史上的繁榮至少應以十五世紀爲始。彼時西班牙葡萄牙業已開始征服世界的偉業。英國及西歐在百年戰爭之後，也已開始走向強盛。這些都是四百年前之事了。在我國，這一時期適當晚明。其時建州衞的努爾哈赤還不曾出現。從這個歷史時間的對比，我們不能不承認，西方，作爲一個政治社會，它的防腐力是可驚的優異。而造成此一現象的基因，在我們看來，便是政治道德律與政治責任感的深入人心。這是所有的東方國家，於學習西方的科學、技術之外，要深深體認的一章。

（註：〈美國政治道德的新里程碑〉一文收錄於全集第九冊一六一頁）

試爲政治溝通解惑和點睛

不久前幾位教授和作家餐敍。順便座談「探討政治溝通的正確方式」，包括左列四個子題：

一、歷史的殷鑑：重慶政治協商會議及以後的黨派接觸。導致大陸失敗主要基因。宜如何避免？

二、政治代溝：政治上是否有代溝？如有「代溝意識」，應如何消除？似爲「政治溝通」的重要措施之一。

三、如何辦好選舉：以促進政治溝通？

四、安撫與士氣：政治溝通是否重在安撫？執政黨是否因此消沉了黨內士氣？

這些問題都很重要而有趣，且爲很多人所關切，我本應貢其所見，但因我得悉稍遲，不及準備，沒有即席發言，允在日後提供書面意見。這是本文的由來。

一

第一個問題，是說大陸失敗的主要基因，是重慶舉行的政治協商會議以及以後的黨派接觸，這個歷史的殷鑑，今後應如何避免？

查政治協商會議，召開於民國三十五年一月十日，開會十次，在同月三十一日閉幕和結束。但在這以前，大陸已經種下了「失敗的主要基因」。因爲：

一、中共在三十四年八月十五日日本宣布投降的同一天，通知日本派遣軍總司令須向中共投降，逼使政府與它和談。

二、八月二十八日毛澤東經蔣主席三次電促，由美國大使赫爾利陪同飛抵重慶，向國民政府提出左列四項要求：

㈠重選國民大會代表，延後國民大會召開日期，修改國民大會組織法和五五憲法草案。

㈡共軍改編爲廿四師，中共中央及地方軍事人員應參加軍事委員會及其他各部門工作，「解放區」民兵應一律編爲自衛隊。

㈢陝甘寧邊區及熱河、察哈爾、河北、山東、山西五省，應委中共推選的人員爲省政府主席及委員；綏遠、河南、江蘇、安徽、湖北、廣東六省，應委中共推選之人員爲省政府副主席及委員；北平、天津、青島、上海四特別市，應委中共推選的人員爲副市長；東北各省，容許中共推選的人員參加行政。

㈣重劃受降地區，使中共參加受降工作。

二

於是雙方開始「和談」。經過四十餘天和十餘次會議的商討，成立「雙十會談紀要」，包括：①和平建國的基本方針；②政治民主化問題；③國民大會問題；④人民自由問題；⑤黨派合法問題；⑥特務機關問題；⑦釋放政治犯問題；⑧地方自治問題；⑨軍隊國家化問題；⑩解放區政府問題；⑪奸僞問題；⑫受降問題。

在以上十二個問題中，雙方就第一、第二、第四、第五、第六、第八等六項，取得協議。第七、第十、第十一和第十二等四項，雙方意見大體類同。第三項關於國民大會問題，雙方同意舉行政治協商會議加以研討。第九項關於軍隊國家化問題，雙方同意由政府、中共和美國代表合組三人小組妥爲解決。

在以上一、二兩個失敗的主要基因外，尚有一個也很重要，就是：

三、美國的介入。杜魯門總統特派美國名將馬歇爾來華調處，加強了對國民政府的壓力，相對的增加了中共的氣燄，結果使問題更爲棘手。後來調處失敗，杜魯門和馬歇爾羞憤怨恨，於是撤軍和停止軍經援助。

從此看來，我國那時已經處境艱危，形勢惡劣，而且八年抗戰之後，民窮財盡，人心望治，內戰既不容再起，則似非妥協不可。政治協商會議無拳無勇，我個人自始就不寄以厚望。但是政府當局權衡利弊，仍認爲利多於弊，所以積極進行。我也奉中央黨部電令，遠從上海趕回重慶，從旁協助。

三

政治協商會議成員三十八人，其中國民黨八人，中共七人，民主同盟九人，青年黨五人，社會賢達（黨外人士）九人。各黨代表由各黨自行薦舉，社會賢達則由四黨會同推舉。結果，國民黨方面共占二十一人，中共方面共占十七人。國民黨顯占優勢，所以討論結果，也尚差強人意。要點如下：

一、關於政府組織案：①國民政府委員名額定爲四十人，由國民政府主席就中國國民黨內外人士選任之。②國民政府委員會之一般議案，以出席委員之過半數通過之，國民政府委員會討論之議案，其性質涉及施政綱領之變更者，須由出席委員三分之二之贊成，始得決議。③行政院部會長官及不管部會之政務委員均可由各黨派及無黨派人士參加。

二、關於和平建國綱領案：①遵奉三民主義爲建國之最高指導原則。②全國力量在蔣主席領導之下，團結一致，建設統一、自由、民主之新中國。③確認蔣主席所倡導之政治民主化、軍隊國家化、及黨派平等合法，爲達到和平建國必由之途徑。④用政治方法解決政治糾紛，以保持國家之和平發展。

三、軍事問題案：①軍隊屬於國家。②禁止一切黨派在軍隊內有公開或祕密的黨團活動。③改組軍事委員會爲國防部，隸屬於行政院；國防部內設一建軍委員會，由各方人士參加。④軍事三人小組照原定計畫，儘速商定中共軍隊整編辦法。

四、關於國民大會案：①一九四六年五月五日召開國民大會，第一屆國民大會之職權爲制定憲法。②區域及職業代表一、二〇〇名照舊，臺灣及東北等新增區域及職業代表一五〇名。③增加黨派及社會賢達代表七〇〇名，其分配辦法另定之。

五、關於憲章修改原則案：對國民政府在戰前公布的「五五憲章」提出修改原則十二項，並組織憲章審議委員會，根據修改原則，參酌各方提出的意見加以整理，制定五五憲章修正案。

四

國民政府信守諾言，把以上五項協議，一一實施，但中共則言而無信，蓄意破壞。政府協商會議的確沒有挽救危局，但它似乎不能被認爲是「大陸失敗的主要基因」。

至於政治協商會議以後的黨派接觸，如果就青年黨和民社黨以及參加政協的無黨人士如莫德惠、王雲五、傅斯年、錢新之諸先生而論，他們與國民黨共同反共和制憲，對國家更是有利無害。

我因此想到第四個問題：「安撫與士氣」，國民黨是否因安撫黨外人士或因政治溝通而消沉了黨內士氣？

這有可能。「身逢和親最可傷，歲輦金帛輸遼羌。遙視太白斂光芒，男兒欲死無戰場。」（字句可能記錯）。多少鬥士勇士讀了陸放翁這類詩句多會掩卷嘆惜。那時大陸國共相處的情形，與此有點類似。但它絕對不能適用於今天的所謂政治溝通。

今天的政治溝通，我曾指出共計兩種：意見溝通和人事溝通。前者例如國建會，後者例如增額中央民意代表的選舉。至於吳三連先生與黨外人士和中央黨部兩位副首長的四次餐敍，只是非正式晤談，不是「政治協商」，自更談不到所謂「安撫」或消沉黨內士氣了。

五

現在請看第二個問題：政治上是否有代溝？如有代溝意識，應如何消除？

記得孔子曾說：「少之時，血氣未定，戒之在色；及其壯也，血氣方剛，戒之在鬥；及其老也，血氣既衰，戒之在得。」這大約就是所謂「代溝」或「代溝意識」。

不僅代溝而已，實則政治上還有許多其他的鴻溝，包括黨內黨外的溝，本省外省的溝，以及有無之溝，勞資之溝。各國皆然，非我獨有。事有必至，不易消除。關鍵是在如何調整，使它們各得其所，相生相成。於是便須談到第三個問題：如何辦好選舉，以促進政治溝通？我認為這是「畫龍點睛」。

相傳有張姓畫家在壁上畫了四條龍，但都沒有畫上眼睛。因爲他說，如果點睛，它們就會飛騰。有人不信，在一條龍上畫上眼睛，它果然騰空而去。用這譬喻，我是說，如果辦好選舉，政治溝通就會起飛。

何以辦好選舉就能做好政治溝通呢？姑且不說其他理由，而僅以上文的鴻溝爲論據。

上文指出政治方面有很多鴻溝，代表著不同的利益和政見，相激相盪，可能成災，必須善加調整，而議會已被公認爲調整的發動機。因爲辦好選舉，可以選出代表各種利益和意見的議員，在議會中從事糾正、妥協和調整，使其不致因偏廢而偏激，而能因相剋而相生。這是最好的也是最高的政治溝通。

六

至於怎樣辦好選舉？限於篇幅和學力，我今天只能條陳三點：

第一，早日恢復增額中央民意代表的選舉。不必等到選舉罷免法的完成立法程序，那將是夜長夢多。也不必制定退休辦法，那顯然不切實際。

第二，增加立法委員和監察委員但不必增加國民大會代表的名額，以廣延攬而宏效益。我在民國五十九年首先呼籲辦理增額選舉時就已主張增額立法委員的名額應爲一百五十名（那是那時立委出席會議的平均約數），監察委員三十三人（那是那時監委的半數）。現有委員人數已更少於那時，增額人數似可再打七折。

第三，在只有一個大黨而尚不能組織新黨的現階段，我主張而且竭力主張政府應准候選人聯合競選和聯合監票，以期對於以強大的集體力量爲後盾的執政黨候選人稍稍的而尚不是大大的發生一點平衡作用，以彰公道。

這些建議，可能被認爲也是安撫。但是辦理增選，乃是我們國民黨的基本政策，而早日恢復實爲理所當然，勢所必至，也是我們國民黨利之所在，不可過分趑趄不前。

增加名額，乃是達到增選目的所必需。只要我們國民黨能夠獲勝，在立監兩院保持優勢，增額又有何害！

至於聯合競選和聯合監票，對黨內外候選人一體適用，平等待遇，更無安撫可言。我深信我們國民黨候選同志一定經得起這點小小的考驗，我們不應過分自餒或自卑。

六十八年十一月十八日

政治溝通兩個方式

總統府國策顧問陶百川昨天在黃河雜誌社所舉辦的座談會中指出，政治溝通應特別著重於意見的溝通與人事的溝通兩部分，意見的溝通是要使文字與言論發表的管道能夠保持暢通，人事的溝通則以辦好選舉爲要務。

陶百川說，政治是管理衆人之事，對政府來說所謂衆人之事，不單是臺灣一千七百萬民衆的事，也是全中國九億人的事，關係如此重大，所以要使衆人的事管理得好，就必需使大家的意見管道能夠暢通，這就是政治溝通。

談到政治溝通的形式與技巧，陶百川說，在形式上，政治溝通有二，一是文字言論的發表，也就是意見的溝通，其次就是考試與選舉的推行，也就是人事的溝通，關於意見溝通方面，主要的是切實執行出版法，有關出版物凡有違反規定之處，應以出版法爲處罰的根據。

他說，在他出席此項座談會之前，有位朋友打電話說，他的一本書被查禁了，問該怎麼辦。——這使他想到今天要談意見的溝通，撇開言論部分不談，文字出版方面，如果政府能切實依照出版法有關規定處理出版品的違禁問題，即可化解很多無謂的紛擾。

出版法有關行政處分，分成警告、罰鍰、禁止出售散布進口或扣押沒入、定期停止發行和撤銷登記等五種，在何種情況下應受何種處分，該法中均有很明確的規定，如果政府有關部門依出版法來處理有關出版品違禁的問題，受處分的人無話可說。可是有些時候，卻引用與戒嚴法有關的行政命令來處理違禁出版品，而其處分方式有時與出版法之規定不盡相符，就會引起受處分人的不滿，使得意見的溝通發生了阻礙。

他認爲，普通法有規定者，應該以普通法的規定來處理，儘量避免援用特別法。假如有關出版品違禁的案件，都能以出版法來處理，少用與戒嚴法有關的特別法，衝突與對立就可以減少或者消除。

在人事的溝通方面，包括兩部分，一爲考試制度的推行，一爲選舉。在考試制度方面，政府一向辦得很好，沒有太大的問題，至於選舉方面，他認爲最重要的是選舉罷免法的訂定，應該讓各方面感到滿意，使未來的選舉活動能在公平、公正、公開的原則下順利進行。

他說，內政部已草擬動員戡亂時期選舉罷免法草案初稿，希望能讓大家公開討論，如有不妥當的地方，應該修改，使大家都能滿意。能做到這一點，參與選舉活動的人比較容易遵守，如有違反，因而遭受取締，也無話可說。這樣做，一方面可以滿足民眾的政治參與感，另一方面也可以化解對立與衝突。

因此，陶百川認爲，如何使選舉罷免法能夠符合一般人的期望，是當前政治溝通的重要課題，政府有關部門不應忽視。

他說，政治衝突在所難免，因為政治問題涉及的面很廣，各種利益互不相同。重要的是如何使這些衝突與對立緩和縮減。假如在意見的溝通方面與人事的溝通方面，都能照前述原則去做，即可兼顧法治與自由，化解衝突與對立。

陶百川指出，他最近剛從美國回來，在美期間，更能深切地感受到我們國家當前的處境非常艱困，所以必需靠大家齊心協力，渡過難關。很多人認為，維持社會安定與維護國家安全，兩者之間可能相互衝突，其實，只要講求技巧，可以達到既能維持社會安定又能兼顧國家安全的目的。他相信，當前的政治要求，可以用政治溝通來達成。

國家統一千方百計孰為上計？

中美公報重定方略

政府退到臺灣後，一開始就標榜「反攻大陸」，要用武力「反共復國」，但一向並不專恃武力，所以說：「七分政治，三分軍事」。以及「主義為主，武力為從」。到了民國四十七年十月二十三日，中美兩國發表聯合公報，更明白聲明：

「中華民國政府認為恢復大陸人民之自由，乃其神聖使命，並相信此一使命之基礎，建立在中國人民之人心，而達成此一使命之主要途徑，為實行孫中山先生之三民主義，而非憑藉武力。」那個聲明可以說是今天「三民主義統一中國」這個口號和大政方針的根源。

中美聯合公報發表後，國內外一片嗟嘆之聲，認為我們放棄了武力，反攻尚有什麼希望。但是我們不能憑藉武力以取勝，這是一個明顯冷酷的事實，不容我們不承認，而在武力之外，另尋一條途徑，即公報中所稱實行三民主義，以爭取中國人民之人心，乃是一種新的覺悟，新的方向，也可以說是新的國策。所以我在監察院年度總檢討會，對此曾加讚揚，並進而提出實行三民主義和爭取人心的若干方針。輿論界認為是「空谷足音」，有「淸新感覺」。

民國七十一年，臺北各界組織了「三民主義統一中國大同盟」，我忝任推行委員會的常務委員，對於該會文件所揭櫫的目標和綱領，闡述三民主義的涵義，我很欣賞。它的目標是：

一、求國家的自由平等，反對侵略擴張；

二、求政治的自由平等，反對極權專政；

三、求經濟的自由平等，反對集體控制。

它的綱領列舉下列八項：

一、統一的中國，應爲一眞正獨立之中國；

二、統一的中國，應爲一眞正民主之中國；

三、統一的中國，應爲一眞正平等之中國；

四、統一的中國，應爲一眞正自由之中國；

五、統一的中國，應爲一眞正均富之中國；

六、統一的中國，應爲一眞正進步之中國；

七、統一的中國，應爲一眞正開放之中國；

八、統一的中國，應爲一眞正和平之中國。

那樣的目標和綱領，合乎三民主義的原理原則，乃是國家現在所必需，應爲國人所認同，也應作爲國家和平統一的基礎。

六十二年五月三日，我曾寫「談判，回歸，認同，統一」，那時中共正在海外大力推進「回歸認同統一」運動。我在文中引用孔子治國平天下的一個「因果律」——物格而後知至，知至而後意誠，意誠而後心正，心正而後身修，身修而後家齊，家齊而後國治，國治而後天下平。

我應用孔子這個公式，制訂了一個新公式：「認同而後統一」。

孔子又爲他的那個公式說過一番道理：「物有本末，事有終始。知所先後，則近道矣」。

今天我們要解決中國問題或臺灣問題，也當認清本末和終始而知所先後。其中最大的國是，乃是統一，而它的根本或始基，則是認同。

我一向以爲中國是應當統一的，而武力也不是達成統一的唯一手段，所以談判並非絕對不可行。但是統一和談判必須先有共同的基礎，這也可以說是一種認同，所以認同的本身也並非必然是壞事。

然則我們與大陸之間已有統一和談判的共同基礎麼？雙方對於立國之道，也就是對三民主義或共產主義，已有共同的認識和同意麼？

我們是不能認同共產主義的。而這所謂我們者，不僅是政府中人，也包括在臺灣的外省人和本省人。

中共是否會認同三民主義呢？他們過去曾有三次認同。第一次是在民國十三年中國國民黨容共之初，中共領袖李大釗在國民黨第一次全國代表大會鄭重聲明：「我們加入本黨（國民黨）是來接受本黨的政綱，不是強本黨接受共產黨的黨綱」，而那時毛澤東等因此當選為國民黨的中央委員。

另一次是在民國二十六年九月二十二日對日抗戰之初，中共發表共赴國難宣言，向政府提出四項諾言，第一項就是認同：「孫中山先生的三民主義為中國今日之必需，本黨（共產黨）願為其澈底實現而奮鬥」。

最後一次是在抗戰勝利前後國民參政會和政治協商會議商討中華民國憲法草案時，中共一再認同：「中華民國基於三民主義為民有民治民享之民主共和國」（憲法第一條），「永矢咸遵」（憲法前言）。

七十年三月，我為《聯合報》寫：「三民主義能夠統一中國麼？」我又指出：

如果再往上溯，則知中共的誠服三民主義，乃是出於蘇聯的嚮導。因為民國十二年一月，蘇聯特派越飛訪晤孫中山先生，商討中蘇合作問題，成立四項辦法，其中第一項便是：「一、孫逸仙博士以為共產組織，甚至蘇維埃制度，事實上均不能引用於中國，因中國並無可使共產主義或蘇維埃主義成功實施的條件存在之故。此項見解，越飛君完全同感，且以為中國之最重大與急迫的問題，乃在完成全國的統一，與獲得完全的國家獨立。關於此項大業，越飛君並向孫逸仙博士保證，中國當得俄國國民之最熱烈的同情，且能信賴俄國之支援。」

如果歷史是一面鏡子，則中共在將來情勢改變時突然宣稱：以三民主義作爲統一中國的張本，我將不會驚奇。

三民主義所以能爲各方所景仰或篤信，主要是因它本身實在十分健全。

而且，如果眞如中共所說，「實踐是檢驗眞理的唯一標準」，則三民主義已經通過了一切實踐的考驗而被證實確是立國的眞理。

先是推翻滿清，建立民國。那時三民主義創立未久，但因它的學說正確，很快就獲得全國人民的信仰，從而產生很大的力量，所以不經慘烈的戰爭，很快就推翻專制，建立民治。

後來軍閥割據，國亂如麻，三民主義又因全國人民的信仰，發揮了無比的大力，北伐勝利，民國重建。

日本軍閥的侵略，本以爲三個月就能使我國屈膝投降，可是靠了三民主義的引導和鼓舞，我國抗戰八年，屢敗屢戰，愈戰愈勇，打到最後，屈膝的不是中國，而是日本。

從與中會開始，三民主義完成了三大階段的三大任務：建立民國、再造民國和保衞民國。現在面臨第四階段的第四個任務——統一民國。

這個任務，比較艱鉅，我們在大陸撤退前與中共的第一回合已遭挫折。可是整個鬥爭，不獨尚未落幕，而且鑼鼓正緊，而中共已有「經濟學臺灣」的呼聲，如果大陸同胞將來更上層樓，響起「政治學臺灣」，則三民主義統一中國的理想，不是可望水到渠成麼！

於是中共須把共產主義的做法大加修正，舉例如左：

一、實施民主政治或全民政治，放棄階級鬥爭和無產階級專政或人民民主專政。

二、保障人民言論、出版、集會、結社的四大自由，實施公平、公正、公道的三公選舉，各政黨都有參與政治的平等機會，反對一黨專政或一黨獨占。

三、仿照五權憲法，中央政府的五院既相合作，又相制衡，以增進政治功能，同時防止政府專橫。

四、產業可以公營，但也准民營，財產可以公有，但也准私有，由政府用民主方法妥加調節，反對集產主義和人民公社。

試以蘇聯革命以來的共產主義國際實踐經驗爲證。

蘇聯十月革命到一九二〇年，列寧把馬克斯學說作了大規模的實驗，結果是經濟破產，民不聊生。他乃在一九二一年毅然決然放棄「軍事共產主義」，改行新經濟政策，而蘇聯乃得在廢墟中復興起來。後來史太林又放棄國有農場的強制推行，改採集體農場，於是農業也漸復甦。

在政治方面，蘇聯也陸續有所修正。先是史太林的新憲法（一九三五年），稍稍放鬆對人民的迫害。但是修正主義尚須到赫魯曉夫對史太林的鞭屍報告（一九五六年）方始開花結果。後來經濟上的修正主義，由柯錫金等繼續推行，但幅度總不及東歐各國，所以後者的人民生活也較好。

中共也有共產主義的修正運動，如果劉少奇那個「蘇修分子」不被毛澤東奪權，大陸可能提前進行現代化。而中共現政權如果不能在馬列主義和毛澤東神話的桎梏中解放出來，至少做到有如我上文的四項建議，則中國統一自必困難重重，而三民主義的責任也就更重大了。

至於中華民國方面，當然也應爲和平統一作出貢獻。首先要爭取四種人心：

一、要使在臺灣和海外的中國人對我們的政府永存愛戴之心。

二、要使在大陸的中國人對我們的政府發生仰慕之心。

三、要使外國人對我們的政府發生敬佩之心。

四、要使中共對我們的政府發生畏懼之心。

必須如此，我們才有前途。但我們必須做到下列「四個堅持」：

一、堅持三民主義及其指導的憲法，不使它左傾或右傾。

二、堅持民主陣容，不要有聯蘇（俄）的幻想。

三、堅持團結和諧，不鬧內鬨分離。

四、堅持自由、民主、公道和法治，並依此四者促進政治革新、經濟發展、社會進步和道德重振。

至於我們推進和平統一的步驟以及與中共相處之道，也很重要，容當敍陳。

兩個中國三個階段

民國五十四年，我在紐約聽說監察委員曹德宣先生因爲公開贊成「兩個中國」而被國民黨開除黨籍，我馳書慰勉，並說我也贊成「兩個中國」，但我更主張「一個中國」。我說這兩者看似衝突，但可以把它們統一起來，成爲「今天兩個中國，明天一個中國」。現在事隔二十多年，曹委員的墓木已拱，而中國尚未統一，所以我還得抱持這個主張。

民國七十六年七月，我爲《加州論壇報》寫：「春風送暖能解凍麼?」曾把「今天兩個中國，明天一個中國」這個公式敍述它的背景和我所受的打擊。我說：「

中國統一問題，好比一座冰山，既冷又硬，既大又高，搬不動，打不開，只有設法化解，方是上策。作為一個孤臣孽子，我慮患很深；學作一個政治思想家，我應該比一般人想得遠一點，所以十餘年來，我常在勞神焦思，苦心孤詣，不揣冒瀆，不避艱險，陸續提出一些對策，以期有助於這個敏感和重大問題的緩和、突破和解決。

我十多年前最早的一個對策，是「今天兩個中國，明天一個中國」。我所以有這構想，是鑒於那時我國在聯合國的代表權已經搖搖欲墜，而國內朝野尚在高唱：「漢賊不兩立」，「寧爲玉碎，毋爲瓦全」；我以爲不切實際，有害國家，所以提供這一新原則。

我一向主張一個中國，那時如此，現仍不變。我只是認爲從分裂到統一，茲事體大，不是一下子就能成功，所以呼籲國人，包括臺灣海峽兩邊的國人，應該堅守一個中國的原則，但也須尊重兩個中國的事實，忍耐再忍耐，努力再努力，不許急躁，不可胡來，假以時日，自然功德圓滿，水到渠成。

我這個兼顧現實和理想的對策，卻不能見諒於國人。當時投給一家大報的一篇有關文稿被退還。一個月前，在警備總部「圍剿」怪事解決後，一位周姓友人還寫信給一位大將軍，說我當年主張「兩個中國」，乃是附和費正清爲中共作統戰，他因此教唆那位將軍引用那個罪名，好把我打得永不翻身。

但鐵的事實是中共一向堅持一個中國，反對兩個中國。所以有人如果替中共作統戰，當然鼓吹一個中國，豈有主張兩個中國之理！至於我的「今天兩個中國，明天一個中國」，乃是純粹爲我們自己，也是爲民族未雨綢繆，暫維分離現狀，以待和平統一的最好時機。

現在中共正在大力推行一個中國的政策，費正清教授也已倒向中共，放棄兩個中國之說。但我還要在「一個中國」原則下主張「今天兩個中國」，乃是因爲我在上面所述的那個信念：「認同而後統一」。

我以爲認同乃是統一的先決條件。這也可以說明今天仍不是統一的時候，因爲雙方還不能認同。我曾寫了一系列有關文稿，收印在我的第一本政論集：《臺灣要更好》，可供參考。

十年前在美國答覆友人：「怎樣方能和平統一」時，我指出認同是主要方法。我說：「首先是『認同』，包括意識形態和立國之道的『認』識和『同』意。而因現在北平和臺北對許多國是問題的認識和做法絕不同一，甚至有如冰炭之不相容，所以沒有和平統一的可能。『同聲相應，同氣相求』，如能認同，方能統一。」

但是認同談何容易！所以統一迄無可能。我早就有鑒於此，於是提出和平統一的階段論，包括三個階段如左：

一是現階段：互相對峙，不戰不和。

二是中階段：互相合作，和平共存。

三是後階段：互相認同，民主統一。

爲著國家的利益和人民的幸福，我願現階段早日結束，中階段能隨卽開始，以繼往開來。這是和平統一的關鍵，工作會愈做愈多，時間會愈拖愈長，非有大智慧，大耐力，大愛心和大彈性，不能勝此重任。我乃開始摸索他國走過的道路，也就是所謂「模式」，以供借鑑。邦聯（Confederation）（不是聯邦（federation））和國協（Commonwealth）最先引起我的興趣。

聯邦、邦聯無能爲力

民國六十二年，我有歐洲之行，在瑞士和英國共住半年，因而有機會在瑞士考察它的邦聯(Confederation)制度，在倫敦參觀不列顛國協（Commonwealth）的祕書處，注意到這兩個模式可供我國和平統一的參考。

瑞士的國名，應該譯作「瑞士邦聯共和國」（Swiss Confederation），它的政治制度比一般聯邦制共和國，像美合眾國（美國）或蘇維埃社會主義聯邦共和國（蘇聯），更帶有邦聯的特質。瑞士是由二十二州所組成，也是這二十二州妥協湊合的結果，故各州儘量保持固有權力。例如中央政府不准擁有軍隊，而各州則准保有常備軍各三百人，但戰時則全國皆兵，由國會選派總司令統一指揮。

國家統治權，不由政府而由國會集中行使，後者選舉七人組織中央行政委員會，任期與國會議員同爲四年。七人各掌一部，其中一人兼任總統，任期一年，不得連任，且無實權，重大事項皆由委員會決議行之，而對國會負責。

國會採兩院制。參議院代表各州，每州各有議員二人，眾議院置議員兩百人，由各州依比例代表制產生人選。

人民對憲法、法律或政府的重大措施，如有五萬人或三萬人的簽名提議，必須舉行全民投票，以爲複決。歷來已有四十餘次。

這樣的邦聯體制，我喻之爲「弱幹強枝」。不足爲訓。至於常被人們視爲邦聯制的聯邦制(federation)，則是另一套政制，不可混淆。美國是最民主的聯邦合眾國，但中央政府獨攬軍事、外交和貨幣的大權，各邦對中央政府的權力，年來且日益削弱。蘇聯也採行聯邦制，它的各邦中的俄羅斯蘇維埃社會主義共和國和烏克蘭蘇維埃社會主義共和國，而且和蘇聯分別參加聯合國爲會員，並各有代表權。但蘇聯只有聯邦之名，而由克里姆林宮主宰一切。

立法委員費希平先生和謝坤銓先生等年來也在倡導「大中國邦聯」，但它似乎不以瑞士、美國或蘇聯爲模式，他們似乎主張把它塑造成爲另一個「不列顛國協」，它的本身不是一個政治實體，上面也不會再設一個中央政府。但那就不是邦聯或聯邦，而是有點像國協了。

中華書局出版的《辭海》載有「邦聯」一辭的涵義，如左：

邦聯，兩個以上國家為了達到軍事、貿易或其他共同目的而組成的一種國家聯合。如一七七六—一七八七年的美國，一八一五—一八四八年的瑞士和一八一五—一八六六年的德國。邦聯的成員國各自保持內政和外交上的獨立。沒有全邦聯的最高立法、行政機關；沒有統一的軍隊、賦稅、預算、國籍等。主要機關是邦聯的議會，由各成員派遣代表組成，商討有關重大問題，其決議須經有關成員國批准才能生效。

三民書局最近出版的《大辭典》解釋得更詳細，如左：

【邦聯】(confederation of states) 許多國家為求對外保護領土安全，對內維持各國和平，因而設立的一種聯合。如一七七八—一七八七年的「美國」，一八一五—一八四八年的「瑞士」，一八一五—一八六六年的「德國」就是其例。其與聯邦不同，邦聯以條約為基礎，聯邦以憲法為基礎，前者僅有國際法上的性質，後者則有國法上的性質。由這性質的不同，就有下述三種區別：一、邦聯以條約為基礎，由各分子國組成，即其構成分子為分子國，而非分子國的人民，所以雖置中央機關，而中央機關的權力只能行於分子國，不能直接行於分子國的人民。中央機關要對分子國的人民行使命令權，須以分子國的權力為媒介，即經分子國再用自己的名義布告人民之後，對於人民才有拘束力。反之，聯邦以憲法為基礎，既為諸邦所組織的國家，同時又為國民所組織的國家，所以中央政府的權力不但能夠拘束各邦，且又能夠直接拘束各邦的人民。對於一定事項，中央政府得親自行使權力，無須假手於各邦。二、邦聯的組織基於條約，條約之變更，依國際法的原則，須經當事國一致承認。因之邦聯要修改憲章，也須得到分子國全體同意。反之，聯邦的組織基於憲法。聯邦憲法之修改，固然各國難易不同，而皆和單一國的憲法一樣，可依多數決之法行使，無須諸邦全體贊成。三、邦聯之成立基於條約，而為國際法上的聯合，所以邦聯若有違憲或違法的行為，各分子國可以宣告無效而拒絕服從，這稱為取消權 (right of nullification)；甚至邦聯的行為倘若有害分子國的生存，分子國尚得退出邦聯之外，這稱為脫離權 (right of separation)。反之，聯邦之成立基於憲法，而為國法上的聯合，國法的效力在邦法之上。「國法推翻邦法」乃是聯邦國的共通原則，所以聯邦縱有違憲或違法的行為，各邦也不得自由宣告無效，最多只得起訴於法院，要求法院裁決，更不得自由退出聯邦之外。

但無論邦聯或聯邦，都不爲中共所接受，它要的是「一國兩制」。一九八四年，香港議員鍾士元等往訪鄧小平，討論香港前途。根據香港兩局議員辦事處所發表的談話記錄，鄧小平在談到這個問題時是這麼說的：

很多國家因為兩種制度而分開，中國現在有香港、臺灣，使中國分開。如果中國想吞併臺灣，或臺灣想用三民主義統一中國，雙方循此道路走，最後便要打仗，香港也要武力收回，這是不利的。若兩個朝鮮，互相吞併，便會產生出國際爭端。一個兩全之法，我們能不能找到。最好是彼此都不要吞併，一國兩制，是合情合理的制度。聯邦制並不適合中臺之間，所以要用特別行政區。兩個德國又怎樣？不管東西德，民族願望都是統一，一百年不統一，一千年總要統一，這也要用一國兩制。

但鄧小平卻又主張以聯邦制統一南北韓。一九五八年八月中新社報導，中國領導人鄧小平一日在北戴河會晤日本公明黨委員長竹入義勝時，建議南北韓以聯邦制形式實現朝鮮半島的和平統一。他表示：「中國希望南北韓對話取得進展，也希望南北韓雙方加上美國的三方會談能夠實現。中國在這方面的作法就是有利於促進南北韓對話取得進展和實現三方會談，進而以聯邦制形式實現南北韓的和平統一。」

中共總理趙紫陽甚至贊成以邦聯模式統一南北韓。據美聯社一九八四年二月九日北京電，趙紫陽對澳洲總理說：「我們支持北韓主席金日成對成立一個邦聯的提議。這是唯一切實可行的方案。看起來只有以那種雙方保持其既有社會制度的途徑才能獲致統一。」

因爲趙說：「朝鮮半島上兩個政府、兩個差異的實體，是無可避免的現實。這是必須承認的。」

該社電中又報導：「澳洲人士所說趙紫陽的講話，獲得中共外交部的證實。這是中共承認南北韓之間存在無法調和的歧見迄今最明顯的一個信號。」

這個報導，不獨獲得關切韓國統一者的重視，也引起關切中國統一人士的興趣。因爲趙所舉出的理由都可適用於中國。然則他是否也承認臺灣海峽兩邊「存在兩個政府，兩個差異的實體是無可避免的現實，這是必須承認的」，「看起來只有以那種雙方保持其現有社會制度的（邦聯方案）途徑，才能獲致統一？」

直到一九八五年十月，中共外長吳學謙在聯合國大會致詞，仍提到邦聯：「中國支持北韓所提和平統一朝鮮的建議，卽南北雙方組成邦聯共和國，雙方各自擁有自己的制度，和平共存。」但儘管中共重要人物贊成以邦聯制度統一韓國，可是它不會適用於中國。依陸大聲（鏗）與中共總書記胡耀邦的訪問記，陸問：「那麼你的意思就是，像邦聯、國協這些形式是不會考慮的。」胡答：「不，不會考慮。因爲邦聯實質上就是兩個中國或一中一臺。」

至於國民政府，也反對邦聯。行政院長俞國華在答覆費希平的「大中國邦聯」質詢時，嚴辭駁斥。有十七位立委甚至要求政府以國法制裁費委員。

我很感不平，遠從美國馳書政府奉勸千萬不可焚琴煮鶴，我指出三項理由：

一、中共堅持它就是中國，中國只有一個，而臺灣是中國的一省，它不可能與臺灣合組邦聯。費委員的構想對中共有害無利，所以談不上「爲匪宣傳」。

二、費委員可能認爲無論爲反制統戰或進謀統一，無論爲爭取世界輿情或緩和緊張局勢，邦聯之說，不失爲方法之一。政府既不贊成，已由俞院長駁斥一下也就夠了，千萬不可再想焚琴煮鶴。

三、畢竟統一乃是國家大事，關係臺灣存亡和人民禍福，非僅政府官員之責，有識之士和升斗小民莫不關切。立委代表人民行使主權，自當與政府官員交換意見，共濟時艱。此項法定職權的行使和存亡攸關的討論，政府不應加以嚇阻。

後來希平訪問美國，我對他建議，邦聯制是國與國的聯合，而不是統一，難怪要遭到雙方的反對。但他們應該想到，懔於我國統一之難，要從互相敵對經過互相合作以達到互相認同，必須有一個過渡時期和一套過渡辦法，我以為邦聯制度可能扮演承先啓後的過渡角色。所以我提醒他要在他的大中國邦聯的構想中增設統一計畫委員會，以促進國家的統一。他頗以為然。可是海峽兩岸當局竟都見不到此，而悍然反對，我能不感遺憾麼！

國協模式英國經驗

但在我的研究過程中，我沒有用邦聯之名，而代以國協（Commonwealth of Nations）。因為現在沒有邦聯那樣一個實體可作借鑑，而國協與它頗為相似，可供參考。

我在民國六十三年的倫敦之行，一為考察英國監察長制度的理論和實踐，拙著《比較監察制度》和《中外監察制度之比較》兩書中曾有報告，本書可能也將略述，同時我也參觀不列顛國協設在倫敦的祕書處。

據該處一位瓊斯先生見告，國協是根據英國一九三一年西敏寺法所產生，迄今已有五十四年的歷史。該法規定，參加國協的自治領和殖民地，與英國處於平等的法律地位。第二次世界大戰後，各會員國進一步可以制定自己的外交政策。一九四九年印度參加國協，它更爲會員國提升了獨立自主的地位。以它與加拿大比較，後者至今還有一位英國總督代表英皇行使統治權，但對印度則英國無此特權。印度也拒絕奉英皇爲「國君」，經過調解和折衝，僅允稱其爲「國協領袖」。印度這個模式，就爲後來加入國協的各國所採用。

即使以加拿大而論，英國早年所加於它的限制和所享的特權，現已先後解除。就英國總督與加拿大政府的關係來看：

一、加拿大的內閣總理由他任命，但前者必須是國會多數黨的領袖。閣員也由他任命，但也受同樣限制。

二、他有權解散眾議院另行選舉，但須出於內閣的請求。

三、參議院全體議員都由他任命，但須由內閣總理提名。

四、他有權代表政府向國會提案，法律也由他公布，但前者必須基於內閣的意見，後者必須基於國會的議決。

在一九八三年前，加拿大的憲法如有修改，必須呈請英皇批准，方可施行，但英皇現已無此特權了。

還有一個重要成規：總督雖由英皇任命，但必須出於加拿大內閣總理的推薦，而且人選照例是加拿大公民。

我問瓊斯先生：「國協對英國的屬地是否發生了羈縻作用？」

答：「著實發生過緩和緊張情勢和維繫雙方關係的功效。加拿大就是明證。如果英國不讓它在國協內與英國處於平等的地位，享有獨立自主的權力，它也許早已變成美國第二——對英宣戰並打敗英國而獨立了。」

因此，我想到我國海峽兩岸的分裂情勢和統一方法。我參考國協模式，私擬了幾條原則。我曾於民國七十一年在加州蒙得利國際學術研究院演講答覆聽衆詢問時透露它的要旨：

一、中華民國和中華人民共和國以及其他志願參加的民族或地區，合組中華國協，從事重要政策的協調和合作。

二、中華國協會員國各自保有現有的人民、土地和主權及其立國方針、政府體制和國防組織。中華國協及其會員國都應尊重，不得干預。

三、會員國應在經濟、貿易、科技、文化和社會方面互助合作。

四、中華國協每年舉行代表大會一次，由會員國各派同數代表參加之。

五、中華國協設置祕書處，掌理設計、聯繫、合作和協調等事宜。

六、中華國協是幾個國家的聯合，而非統一，所以它設置國家統一計畫委員會，協商中國和平統一問題；但會員國對重要事項各有否決權。

七、會員國保證以和平方法解決爭端，不得使用武力或以武力相威脅。

我指出這樣性質的中華國協，與不列顛國協相比較，後者的會員國是各自獨立和分離，雖有協調、合作和互助，但並無統一的意思；而前者（中華國協）則應該尚有和平統一的任務和遠景。這是中華民族從分離而導向和平統一的折中方案和過渡辦法，也就是我所謂「半統一」。我深信只有通過這個半統一的過程方能導入全國的和平統一。

最後，我又聲明：我雖備位政府，但一向停留在政治邊緣，所以我所講的，並不代表我政府，更不知政府當局會作何種反應。至於中共，雖然鄧小平幾年前曾經一再說過：臺灣問題的解決，他們能等待十年八年甚至一百年，但我也不知他現在是否還有那種耐心。

此外，提到國協，我也應該提到張旭成教授，他在那年亞洲協會舉辦的「中共與臺灣的統一」討論會中說：在許多解決中國的方案中，「中國國聯」（The Commonwealth of China）這個模式最值得進一步探索。在一個國聯裡，兩個構成要素能夠同時存在和分離，在經濟和外交上亦可以建立關係。「國聯」成為統一中國的象徵，但實際上各自為政，臺灣維持現狀，保持軍隊，經濟、社會制度不變，雙方各自擁有國際法上的主權地位。張教授的構想，與我前文所述的，可謂不謀而合。

九點方針歧途亡羊

前文提到我在蒙得利研究院的演講，那時中共和美國的「八一七公報」，也就是所謂第二次上海公報發表未久，葉劍英代表中共發表的九點方針的統一建議，尚在美國餘音繞樑，很受注意。我在該研究院的講話中曾加論列，茲錄要旨於左：

中國統一是一個大課題，不獨是中國人的任務和利益，也牽涉到亞太地區的和平和安全，所以也爲美國人所關切。因此，中華人民共和國和中華民國固然各有一套政策，美國也有一套方針。我今天的題目雖著重我個人的意見，但我應就這三方面的政策或構想，照我的了解畫出一個輪廓並加以評估。

就中共而論，它認爲中國只有一個，臺灣是中國的，也就是中共的一省或一部分，在對外關係上，臺灣沒有主權可言。所謂統一，只是回歸，回到祖國也就是中共的懷抱。中共將以和平方法使它回歸，但中共也可使用武力，這是中共的內政，他國不得干涉。它因此對美國的臺灣關係法，要求修改，更反對美國對臺軍售，要求終止。至於臺灣回歸祖國政策，中共曾在一九八二年九月三十日由葉劍英提出九條。

臺灣的反應如何？臺灣人民所想知道的，不是這些枝節，而是中共所能提供的大政方針，包括：

——中華民國在統一後的地位如何？依照九點建議，它將降爲中共的一個特別區，一個地方政府。

——臺灣能否仍掛現在中華民國的國旗？依照中共副總理薄一波，它須用中共的國旗。

——臺灣可否處理它的外交事務？依照薄一波，則須放棄一切外交權責，而由中共掌管。——依照九點建議，臺灣有權維持它自己的軍隊，但中共是否可派它的軍隊進駐臺灣？而且軍隊必須擁有武器，臺灣可否再向美國購買武器？中共現在已在反對，將來自必更反對，於是沒有武器的臺灣軍隊只是儀仗隊而已。

——九點建議的第六點，統一後在北京的中央政府可對臺灣那個地方給與財政補助。這在臺灣引為笑話。因為臺灣現在的國民所得與中共作比較，是十與一之比。但臺灣如為中共所統治，則民窮財盡，眞將需要中共的財政補助了。

——而且尤其重要的，中共現在尙在堅持四個政策：共產主義，無產階級專政，馬克斯列寧主義和毛澤東思想以及中共一黨領導，臺灣歸屬中共後，能不跟著那個堅持的曲子去跳舞麼？則他們還有享受自由民主安全富庶生活的可能麼？

總之，臺灣的土地從未為中共所占領，人民從未為中共所統治，三十多年來他們一直擁有主權，現在中共想以九點建議及其枝枝節節的承諾把這一切取而有之，這是公平的麼？這是可能的麼？

九點建議的第一點，要求臺灣從速開始和談。我想和談如能有益於自由民主和平永久的統一，沒有人會反對。但如果以這九點建議為基礎，則如上所陳，和談便不可能，甚至也不宜嘗試。尤其八月十七日美國與中共聯合公報，逼使臺灣更不能和談。因為美國一再聲明，美國對臺軍售的政策，將以中共繼續對臺和平爲前提。但中共的和平政策只是一種和平攻勢，臺灣不能接受，當然不能與它談判。因爲一經談判，美國會認爲和平已有進展，從而減少對臺軍售，這將危及臺灣的安全。反之，如果臺灣拒絕和談，則中共認爲美國不應售與軍火以阻撓中國的和平統一。所以臺灣已因美國把和談與軍售結合一起的策略而加深了危機。

中國有一個二千歲的故事，叫做「歧途亡羊」。二千多年前，楊子的兒子幫他鄰人去找一隻走失的羊，楊子問他找到了麼？他說：沒有，因爲面臨幾條分歧的路，他們不知應走那一條，所以只好回來了。這是說，大道以多歧亡羊，中國統一也會以分歧的政策而失敗。現在的情況已經面臨歧途。

因爲中共方面，已經把統一變成統戰，再變而爲冷戰，將來還會不幸而變爲熱戰。臺灣方面，從中共的九點建議，看透了中共併吞臺灣的陰謀，只好「不接觸、不談判、不妥協」，如果中共使用武力，臺灣自將爲自由和自衞而奮起抵抗。

至於美國方面，既已把臺灣從一個盟國降而爲一個普通朋友，現在又以聯合公報聲明：美國政府「不會設法實施出售武器給臺灣的長期政策；它對臺灣的武器交易，無論在數量和質量上都不會超過美國與中國建立外交關係後以及最近數年所供應的水準；它同時準備在獲致最後解決之前的一段時期，逐漸減少對臺灣的武器交易。」（第六條）

聯合公報這些規定，顯然違背臺灣關係法的條文和精神。後者承諾要把維持臺灣防禦力量所需要的武器對臺灣作長期的充分的供應(第三條第一項)。所以美國在尋羊的路上已經走錯方向了。

但是對於中共自認爲它已享有臺灣主權的立場，美國則迄今只是認知(acknowledge)，而沒有承認(recognize)，八月十七日的聯合公報第一條，雙方而且聲明：「在那個文義之內，雙方同意，美國人民將繼續與臺灣人民維持文化、商業及其他非官方關係。在這個基礎上，美國與中國間的關係乃告正常化。」

美國助理國務卿何志立八月十七日和十八日在國會的證詞，又加以澄清。他說：「我也要求各位注意，我們對臺灣主權問題長久以來的立場並沒有改變。公報(第一條)開頭的句子，只引述美國和中華人民共和國建立外交關係時所發表的聯合公報的聲明，其中美國『認知中共對此問題的立場』。」

美國的臺灣關係法，就是美國這個立場的證據。所以中共要求美國加以修改，但何志立指出：「但我們並沒有尋求任何這種修改的計畫。」

以上是我那次演講的要旨。年來美國的對華政策，中共的對臺統戰以及臺北的「三不」「三拒」，都沒有多大改變。

一九八三年七月，新華社又發表了鄧小平與美國新澤西州西東大學教授楊力宇，就大陸和臺灣和平統一問題，提出下列構想：

——統一後，臺灣可作爲特別行政區，享有高度的自治，可以有其他省市自治區所沒有而爲自己所獨有的某些權力，但不是完全的自治。因爲自治不能沒有限度，既有限度就不能「完全」。完全自治就是「兩個中國」。高度自治的條件是不能損害統一的國家的利益。

——統一後，臺灣可實行同大陸不同的制度。司法獨立，終審在臺灣，而不是在北京。臺灣可保留自己的軍隊，但不能構成對大陸的威脅。大陸不派軍隊駐臺灣，也不派行政人員。臺灣的黨政軍特系統，都由臺灣自己來管。

但是對鄧小平那些說法，臺北當局認爲並未超出中共以前建議的範圍，因而予以拒絕。

到了一九八四年九月香港協議成立後，中共自詡找到了解決統一問題的「魔指」，就是所謂「一國兩制」，而寄以厚望。

那時我對《聯合報》記者發表談話，指出：

「我對香港協議的心情相當矛盾。對香港終於能夠結束殖民地的命運，自是好事，我感到欣慰。可是中共仍然大力推行四個堅持，將來香港同胞被中共統治後，不知將過怎樣不自由的生活！所以我不得不同時感到悲觀。

幸而我們尚有一個臺灣，而中共又想用香港協議對臺展開統戰，從而在處理香港問題時，不能不有一些顧慮，因而尚須做出一些差強人意的讓步。如果沒有臺灣，香港同胞的命運自更不堪設想了。」

至於一國兩制，我在一九八五年四月一日答覆名記者陸大聲（鏗）先生所問時表示：

問：你對中共以「一國兩制」統一中國那個號召的看法如何？

答：這個號召很新穎，也會發生相當的力量，但有兩點必須注意：

第一、所謂兩制是指共產主義制度和資本主義制度，但資本主義制度必須包含民主制度——爲民所有、爲民所治和爲民所享的法制及其實踐。沒有民主制度，就不可能有資本主義制度。然則中共眞的會在香港實施民主制度麼？如其然也，中共可能會在中國大陸也實行民主。如果大陸民主化了，則在臺灣的政府和人民自必欣然與大陸相統一。反之，如果中共只想採取資本主義制度而在政治上排斥民主制度，則只是一個半制，不是兩制，自必減少它的號召力。

其次，中共所以能夠穩定香港的人心，它的兩制五十年不變的諾言起了極大作用。以此爲訓，北京和臺北如果現在就能在國家必須統一的前提和保證下，提出雙方合作互助、和平共存若干年的過渡時期的諾言，則談判就有可能，並爲人民大眾所樂觀其成。

按：中共所大力推銷的「一國兩制」，其實並不新穎，沈君山先生早已提過，大家認爲並不現實。民國七十三年，他在高雄演講時重申前義並對中共有所批評。他說：

一個國家兩個制度的和平競爭，並不是新模式。早在十幾年前釣魚臺運動時，我們就曾提出，以後並在國內報章以此為旨撰文闡述。但是這兩年來，中共開始運用同樣的口號，藉以塑造溫和合理的形象，作為統戰的利器。因此，我們要特別指出，中共所說的「一個中國，兩個制度」只是不可能實行的宣傳口號，它和我們所說的「一個中國，兩個制度」有一點基本的不同。對於統一問題，中共歷次的談話，都有一個先決條件，就是統一在一個「北京」的中央政府之下，臺灣才可以如何如何。所以，他們的主張的前提，是治權的統一——先統一於「北京」政權之下，再片面承諾允許兩個制度的存在。姑不論中共過去的紀錄，常常是力量未逮時統戰，力量已足時專政，卽使我們相信鄧小平個人的誠意，事實上這樣的共存是行不通的。一個國家中，可以有兩個制度的競爭，一個政權之下，決不能容忍有兩個制度的存在。

報載鄧小平曾請英國首相帶信給美國總統，請他運用華府的影響力，勸告臺北接受一國兩制以解決臺灣問題，可是美國表示不作調人。

和固困難戰亦不易

對於中共的三通，葉劍英的九條，鄧小平的六點補充以及一國兩制，國民政府都置之不理，美國也表示無能為力，同時中共又誤以為臺灣島內可能發生繼承危機和內部動亂，於是它開始著急，乃以使用武力相恫嚇，以期達到談判統一的目的。

首先是鄧小平一九八五年十月十一日對日本公明黨主席竹入義勝等的談話，揚言中共縱無進攻和占領臺灣的兵力，卻具封鎖臺灣海峽的力量。

中共社會科學院美國研究所所長李愼之和資中筠女士向美國大西洋委員會提出的論文中說得更露骨。他說：如果臺灣陷入內亂或走向臺獨，北京將被迫採取使用武力，用非和平手段來解決問題。只要沒有外來的干預，軍事行動將是迅速的、短期的，其消極影響也是非常有限的。

紐約《華語快報》在發表這篇論文後指出：論文沒有回答下列問題：「如果外界主要是美國捲入軍事衝突，北京的武力解決是否能順利進行，其結果也是否一樣？」該文也「並未估計到這種新的論點會在臺灣和美國引起什麼政治後果。」

民國七十四年四月一日，該報（《華語快報》）發行人陸大聲（鏗）先生與我在美國史丹福寓所晤談那篇論文及其觀點，後經同時發表在該報和香港《百姓》半月刊，產生相當大的影響。現將一部分對話轉載於左：

問：中共美國研究所所長李愼之先生和資中筠女士最近聯名在美國大西洋委員會關於臺灣問題討論會中發表了爆炸性的論文，威脅說和道不通，卽用武力。對於此一論文你有什麼看法？

答：你說那是「爆炸性的論文」，一點不差，我已聞到了火藥氣味。最近中共一位領導人對新聞記者談到統一問題時，口氣也與前不同，他們似乎「有點著急」了。但是這麼大的問題，歷史悠久，怨憤深重，而且事關臺灣海峽兩岸人民的利害禍福，豈可輕舉妄動，所以著急不得。可是我沒有看到李、資兩位的論文，我所看到的只是貴刊一篇摘要，在我沒有細讀全篇原文前，我不應加以深論。

問：聽中共口氣似乎對武力攻臺頗有把握，你看他們這種估計是否虛聲恫嚇或不無根據？

答：這須看你用什麼標準去衡量。如果以有形的作戰能力爲標準，則以中共目前所擁有的土地之廣、人口之衆、物資之富和武器之多，你不能說它的恫嚇純是虛聲，但它顯然沒有把握。因爲戰爭的勝負究竟不能完全取決於有形的物質數量。他如環境、形勢和精神的影響力也很重要。中共過去困守延安彈丸之地，有什麼物質條件能在短短十二年內把擁有廣土衆民和堅甲利兵的國民政府逐出大陸呢！由此可知，它對武力攻臺實在不應有多大把握。

問：鄧小平先生托柴契爾夫人帶信給雷根總統，希望他對中國統一有所協助，你有何評價？

答：這對華府、北京和臺北都是重要的步驟。回溯歷史，美國曾有兩次揷手於國共之爭，而策略正好相反，但都發生重大影響。先是抗戰勝利後杜魯門總統派馬歇爾特使來華調處，結果便宜了中共。後來艾森豪總統懲前毖後，左袒國民政府，與中華民國結爲同盟，以中美共同防禦條約保護臺灣，但也阻止了它反攻大陸。現在防禦條約雖早已廢止，但美國仍以臺灣關係法爲臺灣撐腰，使中共不敢對臺用兵。於是中共統戰的目標勢將放在美國，類似柴契爾夫人的信使，已經不是第一次，今後勢必加強。但我不信雷根會效杜魯門之所爲，對臺灣施加壓力。

問：中共稱蘇聯一貫支持其對臺立場，是否一廂情願？

答：蘇聯戰後以接收東北日軍的武器去裝備林彪部隊以及後來在聯合國一貫地排我納毛，雖有珍寶島的衝擊，但它一直想與中共締結互不侵犯條約，所以說蘇聯一貫支持中共對臺立場，似非一廂情願。因此，蘇聯不會幫助臺灣對抗中共。但它是否會在中蘇邊境重演珍寶島的射擊戰，以收漁翁之利，我尚不能預測。

問：如果中共封鎖臺灣，臺灣有無能力突破封鎖？美國會接受封鎖這一事實麼？

答：封鎖必將導致戰爭。因爲臺灣必將以武力突破封鎖，於是戰爭就起。所以中共如想避免「血洗臺灣」，就不可輕言封鎖。

至於美國的反應，主觀上可能不予干涉，但結果將捲入漩渦。請回顧一下美國參加兩次世界大戰的背景，便知維持中立之不易。美國加入第一次大戰雖在一九一七年，但惡因則早種在一九一五年德國炸沈英輪露西坦尼亞，死了一百餘名美國旅客。第二次大戰爆發前五年，一九三五年，美國就急著趕訂中立法，禁止人民將戰爭物資運往交戰國，以預防捲入漩渦，但是在大戰發生還不到三年，美國政府竟明知故犯，又急著訂立租借法案，以大量戰爭物資由美艦護航，接濟民主國家，破壞中立，惹火上身。

我想中共在決定對臺封鎖或用武前，一定會把這些史實認眞地咀嚼一下，則它可能就不敢輕下賭注了。

後來陸鏗於五月十日在北京訪問中共總書記胡耀邦，談到那段問答，原文如左：

陸：陶百川先生你知道吧？

胡：我知道。

陸：他是臺灣名政論家，他是很有風骨的。今年四月一日在舊金山時，我去訪問他，他認爲中共一旦封鎖，臺灣一定會反封鎖，這就必然導致戰爭。這豈不是與中共的初衷相違背嗎？

胡：我們如果有能力封鎖的話，也就有對付反封鎖的辦法；我們有全勝的把握，才會採取這個步驟。這裡讓我講一個故事，就是一九四九年，當我們的百萬雄師下江南時，毛主席也是經過愼重考慮的，其中之一，就是如果美國出兵干涉怎麼辦？

陸：哦，當時就已經估計到美國干涉的可能性？

胡：哎！當時決定了！如果美國出兵干涉，也就同它幹！那時主力二野、三野以及四野的一部分，就集結長江一帶，當時，我們的部隊人數將近四百萬，我們以二百萬的部隊擺在那一帶，就準備在那裡同它幹！所以我們一朝採取封鎖的辦法的話，臺灣，好辦；我們還要估計到外國。

陸：估計到外國插手。當然美國是可能插手的。如果美國人插手，按你的意思，你們還是有把握的。

胡：我們要有把握，才會幹這件事。

陸：這也就是說：一旦對臺灣採取封鎖的辦法，你們到時就已經把美國干涉估計在內，而且有必勝的把握，對不對？

胡：不一定說是美國干涉吧，我們就說是外國吧。

陸：好！我同意換個詞兒吧。一定尊重你的意見。

從那次問答，我發現下列兩個重要信息，對臺灣乃至整個中國影響很大：

一、中共深信臺灣確有抵抗的決心，中共如果必欲用武，自須背上「血洗臺灣」的罪名，而仍不能達到統一的目的。因為中共現在還不準備付出這樣重大的代價，於是雙方可望暫時相安。

二、中共不能不把美國的干涉也計算在內。而如果中共眞的不惜與美國決鬥（他們說得很清楚，中共必須作著那樣的準備和擺出那樣的架勢），那將是很嚴重的局勢，則中共可能更不敢輕易對臺使用武力了。

但這個樂觀的趨勢，必須具備三個先決條件：

一、臺灣能夠保持現有優勢，包括政治的、經濟的、社會的和軍事的優勢，使中共不敢輕率冒險。

二、美國須有履行臺灣關係法的決心，使中共不敢孤注一擲。

三、中共不敢出於估計錯誤或逼於內外情勢而冒險微倖。

同時，榮芳先生以「海峽兩岸的一場冷戰」爲題，爲紐約一家刊物撰文評述。他說：

「近月來，由於臺灣官方傳播媒介大肆宣傳中共領導人鄧小平、胡耀邦等人接二連三發表的所謂「中共有能力封鎖臺灣」，「一俟經濟壯大之後，即不惜對臺灣用武」，「中共從未保證、今後也絕不會保證不對臺灣使用武力」等等「狂囈」、「讕言」，並且配合以在南部地區舉行代號為「漢光二號」的大規模海陸空三軍聯合作戰演習，遂使平靜多時的海峽兩岸又掀起一陣冷戰風浪。

臺灣當局儘管明知中共尚無能力，不會馬上封鎖、立即用武，還要大吹大擂製造氣氛，緊張的動機用意十分明顯，即是要揭露中共倡議「第三次國共合作」實現「和平統一」的假面具，以及「統戰陰謀」的虛偽性；同時，藉以掩蓋內部矛盾和重重困難，轉移百姓的注意力；以及利用臺灣問題在處理微妙的中共對美、蘇關係問題上從中漁利。然而，海內外(包括臺灣)持客觀立場和公正態度的一般中國人，對這種「耳熟能詳」的老一套公式化宣傳未必都能入信。

其實，要說最近誰先挑起（應為提起而非挑起——百川註）這場「冷戰」，恐應首推臺灣著名政論家陶百川先生。他在今年四月一日接受紐約《華語快報》發行人、香港《百姓》半月刊社長陸鏗先生訪問時，發表了一通「中共一旦封鎖臺灣，臺灣一定會反封鎖，這就必然導致戰爭」的高見。陸氏五月間去北京訪問中共總書記胡耀邦時也提出這個「封鎖」問題來討論。胡氏說：「我們如果有能力封鎖的話，也就有對付反封鎖的辦法；我們有全勝的把握，才會採取這個步驟。」

陸氏在訪問中曾經比較客觀地向胡氏反映了臺灣朝野的情況和對「統一」問題的看法。他提問：「中共中央一再表明要用和平方法解決臺灣問題，為什麼不乾脆宣布不使用武力呢？」胡氏表示這不可能，「因為如果我們承諾了這個，那他們（指臺灣當局）就更高枕無憂了。」陸氏隨卽頂上一句：「啊！你的意思是，那他們就更加不來了。」胡氏卽答：「當然啦」……胡、陸二氏這段中間不時嘻嘻哈哈的輕鬆對話，實在是對所謂「封鎖」和「用武」問題的精彩註脚。

凡此「封鎖」、「用武」和「把美國干涉估計在內」的一套問答，當然也引起美國的重視。國務院曾向中共求證，據說中共答覆：胡耀邦沒有那樣說。這「那樣」一詞很可玩味。依語意學去詮釋，中共實際並未否認胡對陸之所說。

但國務院仍願將中共的答覆告訴《世界日報》。該報以一九八五年七月二十一日第一版第一條，將美國務院官員的話予以發表，如下：

關於中共主席胡耀邦曾聲言以武力對臺灣威脅的問題，國務院官員說，胡耀邦實際上並未那樣說。他也強調，中共在「八一七聯合公報」中，承諾和平政策是它的「大政方針」，他認為假設性的討論使用武力問題，對和平解決問題並沒有助益。

統一慈航主權聯合

在一九八五年春天北京和臺北的冷戰正在升高時，我寫了一篇〈和平統一的百年大計〉，條陳從分裂到統一的歷程和辦法，我把它寄給幾位老友，請賜指教。我在信中說：

在美八月，見聞較多，感觸特深。尤其懍於中共謀我日亟，彌深憂憤，復鑒於知之維艱，而一向所見不廣，所知不深，故常就「知己」、「知共」、「知美」、「知時」及「知變」等五方面蒐集資料，博學苦思，從而深感形勢逼人，我國必須速作應變用變之萬全準備。諸公深諳韜略，必有高招嘉謀，以緩和緊張之情勢，並謀國家之和平統一。拙作奇正互用，攻守兼備，不知其中亦有可供諸公參考之處否？旋接覆信，一致反對我發表那篇文章。

那年秋天我寫了一篇〈委員難鳴─公子除名〉，深感那種深閉固拒的作風亟應修正。我慨嘆說：自從我政府宣布對中共「不接觸，不談判，不妥協」的「三不」以後，風吹草偃，於是民間更有所謂「不討論，不研究，不視聽」的「新三不」。鑑於費（希平）沈（君山）兩先生因討論統一問題而遭受「圍剿」和挫折，我很懷疑政府和社會今後還能聽到和看到討論統一和統戰對策的讜論、忠言和高招了。這會是國家之福麼！

雖然如此，我在文中還引述孔子一段話以自勉勉人並勉政府官員。孔子說：「邦有道，危言危行；邦無道，危行言孫。」這是說：如果國家有道，政府講理，我們儘可據理直言而不諱，嚴正行事而不屈，否則如果國家無道，則行事雖仍應嚴正，但說話卻須謙愼了。

最後，我又指出，在謀求國家統一和反制中共統戰的課題上，費、沈兩先生危言危行，很可欽佩，而政府當局對於他們的言行沒有濫用權力，横加干涉，也可說是有道了。

本這精神，我在那年七月回答陸大聲先生一個問題時，提出我對和平統一的一套比較完整的構想，濃縮爲十八句話：

兩國兩制，各立門戶。

志在統一，尚非其時。

主權聯合，以為過渡。

宣傳休戰，戾氣化除。

遇事協商，有予有取。

和平共存，合作互助。
混合經濟，多元政治。
相期百年，民主均富。
水到渠成，一國一制。

上列十八句話，或十八項原則，先說中國現雖分裂爲兩個國家和兩種制度，但雙方都標榜統一，這個先決條件的認同，殊屬難能可貴。

可是統一不能強求，現在必須面對現實，腳踏實地，繼往開來。於是我提議一個「主權聯合」(sovereignty association)的過渡辦法。

這個構想的形式和精神，可以聯合國爲法。它的會員國各自獨立自主，互相尊重，互不侵犯。全體會員國在經濟文化社會等方面，合作互助，在發生政治糾紛時，相約以和平方法解決，不得使用武力或威脅。但聯合國本身不是一個國家，也不是一個政府，而只是一個國際社團。

其次，雙方怎樣和平共存？怎樣合作？怎樣互助？則必須通過協商和同意，互忍互讓，逐項解決，達到和平共存和合作互助。

最後，在長期和平合作的過程中，雙方必須也應能順應潮流，各自努力於「混合經濟」

(mixed economy)和「多元政治」(political pluralism),以求政治民主和經濟均富,從而奠定和平統一的基礎。則不出一百年,水到渠成,和平統一就能實現,而且統一於一國一制,而不是兩國兩制或一國兩制了。

我想有人會說,一百年爲時太長。但是中共收復香港九龍及其民心,尚需「一國兩制,五十年不變」;統一全國,任重道遠,比較港九問題,艱鉅何止倍蓰,則把「五十年不變」加上一番而成爲一百年共慶統一,爲時不算太長。而且中共如果務實而明智,極應如它的領導人所說:他們可以等得很久,十年八年,甚至一百年。一九八五年一月香港報紙尚登載鄧小平說:「百年不統一,一千年總要統一。」即此可見這所謂一百年乃是其來有自,而不是我所杜撰或空想的。

天佑吾國!我希望雙方都有高度的智慧、氣魄和誠信,大處著眼,小處著手,行遠自邇,登高自卑,則行者常至,爲者常成,不出百年,現在的兩國兩制應能在和平共存合作互助的環境中逐步演進爲一國一制。

七十六年七月七日

曼斯斐特訪平報告述評

在看完友人所贈美國參議院民主黨領袖曼斯斐特向參議院提出的訪平報告後，我就開始蒐集資料，試寫〈曼斯斐特訪北平報告述評〉。但因限於篇幅，我就該報告的第一章「中共現狀」的十節僅評了三節；就第二章「中美關係」的六節僅評了一節；就第三章「中國外交政策」僅接觸了兩點；就結論僅指出曼斯斐特參議員認爲美毛關係已到了攤牌的階段。那時我就預定要再評一下，以資補充。

一

曼斯斐特報告，內容豐富。我對他的見聞和資料都很欣賞，但對他的重要結論和判斷則很不贊成。

例如關於人民的生活，那是最重要的立國之道，我已在〈述評〉中就他的資料，評介了工人的工資和物價，現在再說農人的情況。

該報告引河南一個著名的人民公社一家四口農人的全年收入，包括分配所得的稻穀在內，折合二百三十四美元。廣西一個人民公社一家五口的全年收入折合二百六十五美元。全國農地都已收歸公有，甚至屋邊種菜和養豬的一點所謂「自留地」，在河南也不准私營。

該報告又敍述一家人口較多（五人，包括二子一女，都在參加生產），於是收入較多（全年四百五十美元），財產也較多，然也只有兩輛腳踏車、一架縫級機、一個桌子、幾把椅子和兩個臥床。牆上還掛著毛像、時鐘和一幅國劇演出的石印圖片，如此而已。

在〈述評〉中我已提到城市工人每月的工資收入是平均二十五至三十美元。而上述年入四百五十美元的五口之家，每人每月的平均收入只合美金七元五角。

〈述評〉也提到該報告所舉的米價而加以比較，現在補列其他物價：豬肉每磅折合美金四角，鷄三角四分，糖三角五分，棉布（配給價）每碼四角，腳踏車每輛七十五元，手錶每只五十元，香煙每包三角。

僅看單價，上列價格，當然不貴，然必須與其收入一併衡量方知眞相。例如上引農人平均每月收入僅七元五角，他須工作十個月，而且不吃不用，不花一文，方能買一輛腳踏車。

二

在寫〈述評〉時，我只看到高華德參議員在參議院提議把艾默森的訪平報告登載在國會實錄的新聞報導，現在則已看到本月十三日該實錄所登全文。高參議員的話多半是針對曼斯斐特參議員的報告而發。例如高華德說：「在那些主張斷絕我們（美國）與中華民國一切外交和防衛關係的人的心目中，還涉及一個問題，就是美國應否完全切斷與臺灣的一切接觸，以便於把臺灣的土地和人民併入毛共的版圖。依照這個主張，甚至連中華民國用以購買美國軍火的一般借款以及美國進出口銀行支持臺灣重要發展計畫的借款都被認爲是美國與中共關係正常化的障礙」。

這些正是曼斯斐特的主張。他在訪平報告中於指摘美國政府不應貸放軍火借款（今年是八千萬美元）外，並攻擊進出口銀行最近以六厘低息貸給臺灣一億美元以建設兩座核子電廠。其實，做生意，賣軍火，無論出於何種動機，乃是美國立國之道。曼斯斐特參議員何以連這點道理都置之度外了！

三

從曼斯斐特的報告可以看出，福特政府曾向毛共提出正常化的條件和限度，其中之一，必須維持中美共同防衛條約。我推想那是季辛吉第七次訪平時所提供的，他當然已在其他問題上讓了步，只求以此維持臺灣海峽的和平。曼斯斐特的報告透露，毛共對此拒予同意。曼斯斐特在報告中對該條約也大加攻擊。有著像他這樣有力人士爲虎作倀，毛共當然更要堅持下去。

我在〈述評〉中預測，如果雙方在這一點上都不讓步，福特今秋訪平，不致產生建交的惡果。現在我再預測，雙方之中，毛共不會讓步，而美國再讓步的可能性也不大，所以今年建交似無可能。

美國何以在臺灣防衛上沒有再讓步的可能呢？引用季辛吉一句話：中共卽使把馬克斯像取下來，也不可能把華盛頓像代上去。然則美國何必給以太大的代價呢！

還有，蘇聯花了那麼大的代價而猶不能換得毛共的友誼，卒至兵戎相見。美國卽使送上臺灣，就能免於毛共對美國「帝國主義」和「最大的侵略者和剝削者」的攻擊麼？

何況美國尙有高華德參議員等老政治家不斷爲臺灣一千六百萬人民的自由在呼籲！

更何況美國還與四十餘國訂有防衛條約，而它們正在注視美國是否信守承諾！

四

但曼斯斐特竟以輕描淡寫的幾句話，作爲反對防衛條約的理由，說什麼：「條約並未刻在石塊上」。意謂可以把它很輕易的抹去。但是條約如果可以這樣任由單方面隨意撕毀，美國還想與他國在外交上有所折衝以解決問題麼？例如它還能希望以色列接受它不可信賴的防衛保證而交出西奈要塞和戈蘭高地麼？

中美共同防衛條約誠未刻在石塊上，而是寫在紙上。但寫在紙上，通過國會，公告世界，比較刻在石上更難抹去，除非美國不想再辦外交或再結同盟。

寫到這裡，我突然在《華爾街日報》上發現一條簡訊說：「多數黨領袖曼斯斐特催促政府撤退駐在臺灣的美軍，作爲與中華人民共和國改進關係的一個步驟。但曼斯斐特（曾在去年十二月訪問北平）反對廢除共同防衞條約」。這對我乃是一則意外消息，因爲在曼斯斐特的報告中毫無這樣的跡象或伏筆。我想這可能是他與福特總統商談的結果。

五

曼斯斐特議員的報告有三段文字論述「兩個中國」的解決辦法（two-China approach）的結論是：「兩個中國政策雖然可能不失爲解除困難的一條簡易的途徑，但是基於上述環境和在尼周上海公報之後，我相信美國追求這條途徑，即使不是不正當的，但也是不智的和不妥的」。曼斯斐特沒有提出理由，只說：它「與美國的利益和西太平洋的安定利益都不相符」。

但是美國的政策卻不像曼斯斐特參議員所說的簡單。以民主黨來說，它早在甘廼廸總統時代就不諱言「兩個中國」的政策。一九六一年四月九日合眾國際社電稱：「當副國務卿鮑爾斯被問及是否支持『兩個中國』政策時，他指出：『美國承認和支持中華民國，而同時在華沙與中共談判，無論你喜歡與否或用什麼名稱，美國已有一種兩個中國的政策』。」

華沙會談之前尚有日內瓦會談，它開始於一九五五年八月一日。杜勒斯國務卿那時已對毛共採取彈性政策。如果毛共那時能照他的要求發表公開宣言，承諾不以武力解決臺灣問題，美毛外長會議早在二十年前舉行過了。

周恩來也認為美國在布置「兩個中國」。他在一九六〇年告訴史諾：「美國對華政策的活動和方向，一直以製造『兩個中國』為目的。在這一點上，共和黨和民主黨的目的是相同的」。毛共後來在上海公報中還特別強調反對「一中一臺」、「一個中國，兩個政府」、「兩個中國」、「臺灣獨立」，或「臺灣地位未定」。

六

到了一九七一年，尼克森雖幫助毛共進了聯合國，但他的目的本來是也要保持中華民國的席位，在聯合國內造成「兩個中國」的局面。甚至在第二年的上海公報中，美國還是不肯也沒有同意毛共所要求的：「臺灣是中國的一個省，早已歸還祖國」，而在該公報中另行聲明：「美國認為：臺灣海峽兩邊的所有中國人，都認為只有一個中國，臺灣是中國的一部分。美國政府對這立場不加詰難（challenge）」。這是說：儘管「中華人民共和國」認為只有它一個中國，臺灣是「中華人民共和國」的一部分，或中華民國認為只有它一個中國，臺灣是中華民國的一部分，美國政府對你們這個不同的立場都不加以詰難，而應由你們自行解決。

就美國這政策加以引伸，上海公報還含有這樣一層意思：你們現在顯然是兩個中國，究竟將來仍是兩個中國或成為一個中國，以及臺灣究應如何歸屬，這都是你們兩方自己的事情，美國政府固不干預，但是你們必須用和平方法去解決。所以上海公報就緊接著說：「美國重申它對中國人自己和平解決臺灣問題的關切」。

美國何以和何可對中國問題表示這樣關切呢?因爲它與中華民國訂有共同防衛條約，必須信守。

這應該就是曼斯斐特和周恩來念念不忘的上海公報的眞正含義。我希望他們都能看到我這篇文字；我期待周將憮然若失，曼會恍然大悟。

但福特總統是否將續採「兩個中國」的方針，目前尙難斷言，我們亟應預求了解。

七

上文提到《華爾街日報》，說曼斯斐特反對廢除中美共同防衛條約。現在我又看到《洛杉磯時報》報導他拒絕建議與中華民國斷交。看來他已修正他在報告中的觀點和立場了。這樣才像一位政治家。

六十四年二月二十八日

豬灣悲劇的新教訓

七月二十三日的《生活週刊》和七月二十五日的倫敦《泰晤士報》，登載美國著名歷史學家許爾辛格的《甘迺廸在白宮一千日》一書中關於古巴豬灣事件的回憶和批評。許爾辛格曾任甘迺廸的政治顧問。

本月十日的《展望雜誌》，登載甘迺廸另一位政治顧問蘇璽生的《甘迺廸》一書的一部分，題目也是豬灣事件。

舊事重提的意義

豬灣事件本是一九六一年四月十七日的舊事，現經這兩位著名人士在著名報刊中重提一下，又已引起很多讀者的興趣。

而且豬灣事件的失敗，顯然是因甘迺廸和美國政府犯了若干錯誤。這些錯誤的根源何在？美國政府已否因此獲得教訓？是否可能再犯？在這越戰進退維谷的時候，值得再加檢討，以資懲毖。

四年多來，美國陸續有人出版豬灣事件的專書或發表豬灣事件的論文。例如去年九月和十月就有前副總統尼克森的〈古巴、卡斯楚和甘廼廸〉和賴叔的〈災難的決策〉。這半年來資料更多，而最近甘廼廸兩位顧問的兩篇「回憶」，與尼克森和賴叔的兩文，有點針鋒相對；後者對甘廼廸頗多責難，前者則顯然爲其辯護。兼聽則明，於是我們現在乃有更多的資料能夠據以作公正的檢討了。

反攻古巴的計畫，在艾森豪總統任內本已決定。一九六〇年三月，艾森豪指定中央情報局徵集流亡美國和他國的古巴革命黨人，由美國加以軍事訓練，相機反攻古巴。

最初的計畫是進行游擊戰。後來覺得卡斯楚以游擊起家，在古巴境內的游擊隊已被他逐漸消滅，游擊方式成功的可能性很少，於是美方乃決定改用堂堂之陣和整整之旗，強行登陸，申罪致討。

原計畫成功可能性很大

登陸的地點原定在曲嶺達，離古巴京城二百八十二里，有四個優點：一、港口設備很好；二、灘頭易防守；三、離古巴京城既遠，卡斯楚軍隊不易立刻開到；四、港口近在游擊區山腳下，如果不利，立刻可以上山打游擊。

那時訓練中的古巴志士共一千五百人，美國供給飛機二十五架，其中轟炸機十六架，運輸機九架。這個數目雖不大，可是卡斯楚卻只有飛機十六架。原定計畫：在登陸前，空襲兩次，十六架轟炸機一齊出發，出其不意，擊毀對方的全部飛機。

一千五百人登陸後占領附近城鎮，迅速成立革命政府，美國卽予承認，並正式予以援助。原計畫寄厚望於古巴地下勢力，預料他們必能紛紛起義，共同推翻卡斯楚政權。這樣的計畫，美國五角大厦和中央情報局認爲成功的可能性很大。

甘迺廸的軟弱和失策

但在甘迺廸總統時代，這個計畫被修改了，被削弱了。首先，甘迺廸不贊成在曲嶺達登陸，理由是：這個地方太惹人注意。他主張找一小灘，在夜間偷偷上岸。他一再叮囑，美軍絕對不得參加軍事行動。於是中央情報局乃另找三處，其中較好一處就是豬灣。但參謀首長認爲仍應在曲嶺達。依照許爾辛格，中央情報局在三月十一日的會議中請求維持曲嶺達之議，可是仍爲甘迺廸所否決。美國最重大的失策是取消了原定三次轟炸中的兩次，而那被保留下來的一次所使用的飛機又從原定十六架減爲八架。理由只是不要太惹人注意。

甘迺廸總統在一九六一年四月五日批准豬灣進軍計畫。那時他尙支持三次轟炸：第一次定在四月十五日（星期六），出動古巴革命軍全部十六架轟炸機，目標是古巴飛機場。預料可能炸毀卡斯楚的全部（至少大部分）飛機。

第二次轟炸定在四月十六日，目標是未被炸毀的古巴飛機和高射砲等。

第三次是在登陸那一天（四月十七日），於掃蕩殘餘的軍事設備外，並支援登陸部隊。

但是受了傅爾布萊德、魯斯克、史蒂文生、飽爾斯和許爾辛格等的影響，甘迺廸先後下令取消十六日的轟炸並把十五日出動的轟炸機減少一半。最後更在十六日下午下令把十七日（登陸那一天）的轟炸和掩護飛行也都給取消了。

最後的挽救

情勢逆轉至此，進軍計畫絕無成功的可能。甘迺廸理應把第二天的登陸行動，一併停止。可是甘迺廸認爲反正美國已不牽涉在內，成敗都是古巴人的事情，他犯不著負起干涉的責任。而且他那天正在格林奧拉度週末，不願把那個麻煩問題再麻煩一下。

所以第二日（十七日）的豬灣登陸在沒有空軍掩護下照常進行。但是輸送軍火和後勤物資的船隻上午十點就被卡斯楚的飛機炸毀了，一千四百人雖順利登陸，又是彈盡援竭，不能進展。

那天上午，甘迺廸飛回華盛頓，下午下令取消昨晚的禁令，准許古巴革命軍飛機再炸卡斯楚，但不得危及平民和民間財產。

空。兩架轟炸機當晚從尼加拉瓜飛行四小時到達古巴聖安東尼亞飛機場上空，但因雲層低，月無光，燈火管制，不見目標，油量只許盤旋四十五分鐘，未投一彈而回。

登陸第二日（十八日）革命軍仍在豬灣灘頭附近死拚，負責進軍計畫的美國情報局皮塞爾堅持要見甘迺迪，作最後的挽救。

那天晚上，甘迺迪召集魯斯克、麥納瑪拉（國防部長）、李尼茲（參謀首長）、柏克（海軍參謀長）等舉行會議。

柏克海軍上將建議派遣一艘驅逐艦，以砲火構成一道火牆，阻止卡斯楚軍隊進擊革命軍（其目的似在撤出革命軍）。甘迺迪問：「如果卡斯楚還擊將如何？」柏克答：「正好把它們消滅。」甘迺迪說：「這樣不是把美國牽涉進去麼！」

柏克沉痛的說：「總統先生，我們已經牽涉進去了。我們訓練和武裝這些古巴人。我們把他們護送到灘頭。我們不能坐視他們被屠殺在灘頭上！」

可笑的限制

依據許爾辛格和賴叔的說法，甘迺迪決定了一個折衷的方案，准許美國六架噴射機在十九日清晨起飛掩護革命軍轟炸機阻止卡斯楚部隊前進。但加以三個限制：一、塗去機身美軍標誌；二、以清晨一小時（從六點半到七點半）為限，不得延長；三、不得從事空中戰鬥或掃射地面目標。

第三點非常可笑，據許爾辛格替甘廼廸解釋，總統認爲卡斯楚飛機不敢與噴射機接觸。

在尼加拉瓜的古巴革命黨飛機奉命在十九日清晨全部出動，並由四位美國飛行員義勇參加。不幸陰錯陽差，他們早到一小時，被卡斯楚的飛機擊落殆盡。四位美國人也都殉難。

那天下午五點，登陸戰鬥全部崩潰。

五十四年八月二十日

豬灣悲劇的再檢討

照我在〈豬灣悲劇的新教訓〉中所述，豬灣登陸的失敗，早已注定在登陸地點的變更和兩次轟炸的取消。然而原因尚不止此。

外交政策取決於國際輿論

依照賴叔的〈災難的決策〉，最不幸的是甘廼廸總統四月十二日的聲明。他在記者招待會說：「無論在任何環境下，美國軍隊決不干涉古巴」；美國政府「決不牽涉在內」。因爲十七日登陸時曾有美國噴射機飛在豬灣上空，古巴飛機見了就逃。後來魯斯克重述甘廼廸「不干涉」「不牽涉」的聲明，古巴飛機知道美機沒有惡意，於是就大膽轟炸。

甘廼廸何以「始亂終棄」呢？無疑是怕受世界輿論的指摘。尼克森在〈古巴、卡斯楚和甘廼廸〉文中指出豬灣悲劇教訓時說：「美國的外交政策必須取決於美國自己的安全利益，不可取決於所謂世界輿論這個含混不清的觀念。美國當然應該時常關心其他國家中的朋友的意見，但作爲世界的領袖，我們有責任去領導保衞自由的勢力，而不可隨便追隨它」。

怕與蘇聯在柏林問題上攤牌

還有一個原因，據尼克森回憶，是甘廼廸怕與蘇聯攤牌。

尼克森在前文中說：在豬灣事件結束的第二天，四月二十日，他應甘廼廸的邀請，在白宮晤談。他回憶總統問他：「你現在將怎麼辦？」尼克森回答：「我將找一個適當的合法理由，在其掩護之下介入鬥爭」。

於是尼克森建議三項合法的藉口：第一、因爲蘇俄集團已經供給卡斯楚以武器，後者用以殺戮自由勢力，美國便有供給自由勢力武器的義務。第二、依據美古條約，增兵關塔那薩地區，因爲後者已遭受威脅。第三、以保護美僑爲理由，派遣美軍進入古巴。

但是甘廼廸說：「李普曼（他那時方從莫斯科與黑魯曉夫晤談回來）和巴倫（他曾任駐蘇大使），都說黑魯曉夫現在很驕滿。如果他們的話是正確的，他可能認爲現在是他對付我們的時候，他正可以古巴問題作藉口來發動攻勢。這是說，如果我們對付古巴，他就有機會對柏林採取行動。我認爲我們不應如此冒險，因爲他們二人的觀察可能不錯。」

那天尼克森和甘廼廸也談到寮國問題。甘廼廸說：「我以爲我們不應介入寮國糾紛，因爲我們如果介入，可能要在叢林地帶與數百萬（共黨）中國人作戰」。

古巴地下勢力接應問題

依照許爾辛格的《甘廼廸在白宮一千日》，美國全部決策人士，認爲古巴內部地下勢力的起義接應登陸部隊，乃是豬灣計畫成功的重要因素。中央情報局局長杜勒斯，提供情報，說有人請求空投軍火，有人保證一經通知立卽響應。但也有人對此懷疑。

甘廼廸看到紐約《前鋒論壇報》登載拉丁美洲問題專家鈕曼的四篇文章，報導卡斯楚的聲望很隆。他囑許爾辛格與鈕曼詳談。鈕曼說，古巴靑年和因革命而受益的一般人，對卡斯楚仍有信仰和熱忱。鈕曼又說，因爲美國過去支持古巴的獨裁政權，古巴人民不再歡迎美國干涉古巴內政。

後來豬灣登陸時雖有少數地下工作人員出來接應，然中央情報局所期望的起義卻沒有影踪。

依照賴叔，據傳這有兩個原因：

一、美國情報人員因見兩次轟炸被取消，反攻已無成功的可能，爲避免更重大的傷亡，所以他們根本不想也沒有發動地下革命勢力。

二、登陸攻勢曇花一現，十小時後地下工作人員多被逮捕，所以地下勢力無法發動。

另據蘇靈生說：古巴革命分子內部複雜，不相合作，地下勢力根本不大。重以卡斯楚橫加摧殘，發動根本困難。

甘迺廸所犯的錯誤

依照蘇靈生，甘迺廸犯了一些錯誤：

一、甘迺廸誤以爲登陸可以偸偸的完成，不致惹起世界輿論的注意。他忘了公開社會難守祕密，何況又有聯合國這個「廣播臺」便於鼓噪。所以十五日轟炸之後，史蒂文生、魯斯克和麥克彭岱三人不得不建議甘迺廸取消登陸那天的轟炸。

二、甘迺廸誤以爲登陸部隊如遭遇困難，他們可以退往愛思康勃萊山打游擊。他不知該山與豬灣相距八十哩，他們又沒有交通工具。

三、甘迺廸誤以爲古巴革命黨人都知道美國部隊不會參加他們的戰鬥，他們旣自願冒險，美國不應加以阻止。他不知道他們的想法正好相反。

四、甘迺廸誤以爲部隊登陸後，卡斯楚軍隊就會叛變，地下革命就會爆發。但這些情形並未發生。

許爾辛格也舉出兩個原因：

一、甘迺廸那時就職只有七十七日，對所屬重要人員特別是主持進軍計畫的杜勒斯的了解不夠，以致過分信任。他說，如果有人批評最低工資案，他立刻能夠把他駁倒。但是他總認爲情報和軍事人員另有一般人所缺少的祕密技巧。

二、甘廼廸自一九五六年以來一帆風順，逢凶能化吉，遇難終成祥，他相信自己的好運不會使豬灣事件遭遇挫敗。

競選諾言欲罷不能

依照許爾辛格和蘇靈生，甘廼廸後來很後悔沒有在取消十七日的登陸轟炸時索性把登陸計畫根本取消。我認爲他是礙於在競選時所提供的諾言。

依照尼克森一九六〇年十月二十一日，他和甘廼廸舉行第四次也是最後一次的電視辯論，題目是美國的外交政策。一般人認爲這應該是尼克森的得意之作。但因甘廼廸主張對古巴採取攻勢，而尼克森不願透露艾森豪政府訓練古巴流亡革命黨人的祕密，所以七千萬觀眾反認爲甘廼廸是健者而尼克森是懦夫。

依照尼克森以二人後來得票數額的接近，每一選舉區的半票之差，都能影響最後的結果。多數觀察家認爲古巴問題的辯論決定了甘廼廸的最後勝利。

那時甘廼廸的話是這樣的：「我們必須加強古巴國內外反卡斯楚的民主力量，他們是打倒卡斯楚的希望所在。但是這些自由的鬥士直到現在迄未獲得我們政府的支持」。

因此，甘廼廸對豬灣進軍計畫，雖已將其一再削弱，但總不能也不願將其根本取消。

豬灣悲劇的反應

因為甘迺廸的軟弱，黑魯曉夫乃對古巴大膽輸入飛彈和飛機，以威脅美國。一九六二年十月二十二日，甘迺廸經過一星期的準備，下令封鎖古巴，不准蘇聯再輸入任何軍火，並要求蘇聯撤回在古巴的飛彈。

依照蘇靈生在八月十九日《展望雜誌》的又一篇回憶，甘迺廸邀集幕僚十五人舉行會議一星期，就下列六項對策交換意見：

一、暫不理會；

二、提出外交抗議並以外交壓力促其撤出飛彈；

三、與卡斯楚祕密談判，告以蘇聯要把他出賣；

四、封鎖古巴；

五、對古巴飛彈基地和其他軍事目標實施轟炸；

六、侵入古巴，推倒卡斯楚。

一部分幕僚贊成一二兩項，但甘迺廸自始就反對。他以為問題不在美國所受的軍事威脅，而是黑魯曉夫蓄意要使美國表現軟弱和動搖，因而使自由世界不再信任美國。所以他認為這次美國必須作強硬的反應。因此他決定採取第四案，如果無效，進一步再實施第五案和第六案。

這個古巴飛彈危機雖沒有百分之百的成功，然甘廼廸個人卻表現了「勇者的畫像」或「當仁不讓」。他已從豬灣悲劇獲得教訓並因而受益了。

他國也當以此爲鑑

古巴革命黨也從豬灣悲劇領受了嚴正的教訓。他們的一位領袖人物賴叔說：「今天我們了解豬灣事件的一切事實以後。……我們唯一關切的事情，就是我們必須以我們自己的力量來解放我們的國家。……我們歡迎關心我們奮鬥的美國人民給我們幫助。但是鑒於豬灣悲劇的經驗，我們再不能接受臣服於美國本身利害的援助。

「古巴的流亡人民知道古巴解放運動的原動力必將來自現受古巴暴政蹂躪的古巴人民。……未來的領導者將自古巴的監獄和失望的軍隊和民兵中產生。地下勢力已在形成中，新領袖已經發現……他們都是虔誠和不自私的愛國人士。

「我們流亡人民的任務，是點燃革命的火花，並以金錢、信仰和生命去支援它」。

歷史是鏡子，古巴和他國的解放運動，都可以此爲鑑。

五十四年八月二十二日

惟有美國能使蘇聯重視人權

一

我到香港那天下午聽說徐亨先生當晚就要去保加利亞參加奧林匹克大會，爲我國會籍問題而奮鬥，我請了一位朋友陪我去看他。他告訴我：奧會是體育組織，而不是政治團體，它所遵守的是體育精神，而不是政治路線，所以他滿懷信心，認爲我國會籍必能保持。我祝福他順利成功。

現在大會已經結束了，我國會籍問題的紛爭雖須再拖一時方能大定，但是奧會如能保持體育精神，則正義公道必能昂揚，我國會籍應能確保。

二

在奧會討論本案時，有兩點極可注意：

第一、發言主張排我納毛的，竟是日本代表，而在他們表現這個無情無義和無聊的勾當時，日本議員訪華團正在臺北作友好訪問。對於日本人這種做法，我們應有明確的認識和嚴正的檢討。

日本代表不獨口頭爲虎作倀，並且寫信給每一代表，要求他們共同排我納毛。這才怒惱了大會主席克蘭寧先生嚴辭駁斥。他指出：「一個國家的代表寫信給其他會員，將排除另一會員的任務引爲己任，我認爲那是不對的」。日本人未免做得太醜惡和太失態了。

克蘭寧先生又指出：「在這十分微妙的外交局勢中，日本代表散發這種不具建設性的函件，我認爲也是不應該的」。

我國代表徐亨先生更指斥：「日本函件竟直認政治不能與體育分家，並且侈談一些與奧林匹克精神不能相容的愚話」。日本人是夠聰敏的，這次乃是「利令智昏」。

三

第二、「一個中國」還是「兩個中國」，成爲這次雙方的重要論據。日本代表說「『中華人民共和國』絕對不接受兩個中國的方式。這是我所確實知道。這裡只能有一個席位，而相爭的則有兩方面。我們必須在國際體育方面尊重現實，把這個席位改給『中華人民共和國』」。

我國代表立即加以駁斥。

接著是國際柔道協會主席英國人巴默爾先生大步走向發言臺，仗義執言。他說：奧林匹克所屬二十六個國際體育協會，有二十個同意接受「中華人民共和國」爲會員，但這不是說要排除中華民國；如果要排除中華民國，則二十國可能就不同意毛共加入了。

年來在國際場合中，遇到我國與毛共爭席位時，支持我國的人，例用「兩個中國」為論據，不再用一個中國的說法。因為他們認為如果再用一個中國為論據，在國際人士權衡輕重之下，常會捨我而取毛，我國固有的權利，於是便很難保持。

我在離臺前不久，曾經接見《紐約時報》駐臺記者沙蕩先生和美國《時代週刊》駐香港特派員羅文先生，深談這個問題，我提出這一個執中的「公式」作為答覆：「今天兩個中國，明天一個中國」。我的意思是明天一個中華民國，在此短文中不能詳加說明，但願國人妥為考慮！

照我國年來在苦難中所得的體認，世界各國在中國問題上已經滅失正義和公道了，而以日本為尤甚。鑒於這次奧會的討論情形，正義公道的靈魂似乎尚未完全失散，世界前途應該還有希望。

四

我到歐洲雖僅一週，可是發現正義公道的靈魂又一次出現於美蘇之間。

原來蘇聯年來蓄意要與美國修好，一以緩和軍備競爭，二以增加美蘇貿易。關於後者，蘇聯要求美國予以最惠國待遇，以減輕蘇聯貨物在美的關稅。

美國乃利用這個機會，要求蘇聯尊重人權，包括放寬出境限制和人身自由，特別是關於蘇聯籍猶太人的出境以及對幾位科學家和文學家的身體和言論自由。

先是全美科學學院加以抵制，暫停對蘇科學交流，以待蘇聯放鬆對科學家的迫害。

美國參議院在九月十七日通過傑克森參議員的提案，催促蘇聯遵照聯合國人權宣言允許言論自由和出境自由。

季辛吉並曾以要求出境的蘇聯人民的名單，商請蘇聯政府予以批准。

於是莫斯科大為震怒，布列茲涅夫在九月十九日警告西方國家不要想利用蘇聯緩和緊張局勢的興趣而要她以內政讓步作交換。

但是美國眾議院的財政委員會仍在九月二十七日決議暫緩以最惠國待遇給與蘇聯直到她放寬出境限制。

五

蘇聯終究不能過於無視美國人民正義公道的表示。她很了解如不在內政上有所讓步，美蘇的和緩政策難望獲得美國公眾的支持。因為後者認為與一個專制獨裁國家謀緩和，是不值得的，不可能的，而且靠不住的。

於是蘇聯不得不有所讓步。她已放寬移居國外人數至每年三萬五千餘人，上月批准了三千六百五十人；最近逮捕的遊行示威猶太人每人僅判拘留十五日或罰款數十元；那位一再招待西方記者並致函美國國會呼籲美國請爲蘇聯人民伸張正義公道的薩哈羅夫，沒有被捉將官裡去，蘇警也沒有在他的寓所四周斷絕交通，不准他人與他接觸。誠如傅爾布萊特參議員所說，蘇聯已有相當重大的讓步了。

但願正義公道普救全世界被壓迫和受苦難的人們！

六十二年十月十四日

怪哉曹啓文委員的聲明！

七月二十日下午我看到監察委員曹啓文先生分送的「我出席陶百川委員彈劾慕華尿素公司收購案第二次審查會議後之聲明」的印刷品（以下簡稱曹文），我的詫異和惋惜，不下於對尼克森訪問毛共的聲明。我和曹委員一向被認爲是老朋友，當時決定不加辯駁，以留相見餘地。可是日來發覺他的印刷品不僅在院內分發，院外也有發現，而且一部分人正在利用它作爲對我「圍堵」的藉口，我乃不得不辯。但我只就曹文提出說明，避免像他那樣對我作人身攻擊，換句話說，我只防禦而不反攻。

曹文共計四段，第一段全文如下：「出席糾彈案審查會，是每位監察委員應有之權責，贊成與否決，亦爲每位委員本諸事實而爲之裁奪。固無須於會議後發表聲明，而陶百川委員爲表現其獨特，不惜違濫事權，將第一次審查會議一致否決彈章之經過，竟向院會提案，大肆誣罔，詆毀同仁，破壞監察院糾彈案審查制度與程序，深恐第二次否決後，其故態自必復萌。此余不得不先有此聲明也。」

曹文責我「將第一次審查會議一致否決彈章之經過，竟向院會提案，大肆誣罔，詆毀同仁，破壞監察院糾彈案審查制度與程序」。但我何嘗如此！請看我的提案全文：「陶委員百川提：百川前提慕華事件彈劾案，茲經本院祕書處通知經審查會表決不予成立，但聞係舉手表決，有違監察法施行細則第二十條必須用無記名投票法表決之強制規定，是其舉手表決，是否有效，用特提案請加討論。至過去成立或不成立各案，多係無異議通過，並未表決，自不發生投票問題，依法當然有效。又同法施行細則第二十二條規定，審查會應將不予成立之案件，備具理由載入決定書。但聞該案審查會並未踐行此一硬性程序，以致有關方面不知該案被否決之理由，是否違法，亦請討論。」

請問我的提案中那一句「誣罔」，或「大肆誣罔」！那一句「詆毀同仁」！而且我的提案是在澄清「糾彈案審查制度與程序」的兩個問題，使其不要違反監察法規，以維持糾彈案和審查會的法治和尊嚴，何得誣爲「破壞」！乃曹文既責爲「破壞」，又責爲「誣罔」，更責爲「詆毀」，眞是不知所云！

曹文第二段全文如下：「陶百川委員在經濟委員會提議調查本案時，余卽堅決反對，舌槍唇劍，往返十數回合，事實勝於雄辯，咸認此案之提出，確有欺世盜名之嫌，豈容利口巧言得逞於其間。經折衝協調，始另加派酆景福、王枕華兩委員會同調查。結果不出所料，三人調查，兩人不贊成提彈劾案。且陶委員事前向酆表示，決不提彈劾案，待調查報告通過後，竟食前言，爲出風頭而羅致於本案責任最輕之前任經濟部長楊繼曾及前任石油公司總經理金開英。案查當時之決策者，爲行政院院會。楊、金不過是奉命執行而已，且事實上吸引外資，設廠製造尿素，保證利潤等，均爲當時環境所需要，且爲權衡利害之措施。事隔多年，從未見陶委員片紙隻字有所詰責，今於事後，反而多所羅致必欲置之法網而後快！何當時之蠢蠢，而今之察察也？」

我的辯答分列如左：

一、曹文說：「陶百川委員在經濟委員會提議調查本案時，余（曹自稱）卽堅決反對，舌槍唇劍，往返十數回合」。但事實是我沒有在經濟委員會，而是在院會提議調查本案，更沒有看到或聽到曹委員發言反對本案。至所謂「舌槍唇劍，往返十數回合」，我只在小說中看到這些語句，事實上我沒有和他就本案談過或辯過一句，何來「往返十數回合」！

二、曹文說：「咸認此案之提出，確有欺世盜名之嫌，豈容利口巧言得逞於其間！」所謂「咸認」係指何人！院會決議交經濟委員會處理，經濟委員會未經辯論，決議推派委員三人調查，當場推定我爲三人之一，其餘二人依輪值表名次輪派，後來查出輪到鄧景福、王枕華兩委員，於是就由我們三人調查。如果「咸認」「欺世盜名」，院會何能接受我的提案！經濟委員會何能通過調查，而且特別推我參加調查！那時曹委員何以不發言反對！而且曹文用了「欺世盜名」的惡毒字樣，但對我如何欺世，如何盜名，未有一句加以解釋！如此蠻橫，不僅「利口」，乃是血口！不是「巧言」，乃是胡說！

三、曹文說：「陶委事前向鄧表示，決不提彈劾案，待調查報告通過後，竟食前言」。請曹委員提出證據來！你怎麼知道我在事前曾向鄧委員有這表示？是鄧委員告訴你的麼？我想鄧委員不至於如此說謊！事實是我在調查告一段落後就主張彈劾，我將此意幾次告訴鄧委員。後來調查報告列舉違法失職的情形，白紙黑字，鐵案如山，以我這樣守法和盡職，能不加以彈劾麼！（除非我的黨的中央常會或總裁通知我不得彈劾，但這次沒有這樣的通知。）曹委員爲什麼不先向我查詢一下而就這樣無禮的對我公開指摘呢！

四、曹文責我「爲出風頭而羅致於本案責任最輕之前任經濟部長楊繼曾及前任石油公司總經理金開英」。我所彈劾的尚有前肥料公司總經理，共計三人，而曹委員僅爲二人說話，難道承認另一人應該被彈劾麼？如有一人應被彈劾，我的彈劾案應認爲並非全無可取，然則曹委員何以一筆抹煞呢？至於曹文責我「羅致」（「致」似爲「織」之誤），如果眞是羅織，則曹委員應將鄧、王二委員和我三人一併攻擊，不應集矢於我一人，因爲彈劾案是以調查報告爲基礎，而簽名提出調查報告的，是我們三人而不僅是我一人。

五、曹文說：「事隔多年，從未見陶委員片紙隻字有所詰責，今於事後，反而多所羅致（原文）必欲置之法網而後快，何當時之惷惷，而今之察察也！」這段說得很對，我眞惷得厲害！我在五十八年七月提案呼籲減低肥料售價時，還不知慕華案的內幕及其收購價格的荒唐（尿素總成本僅六十美元，而我方所出的收購價格高達一百一十美元，液氨總成本僅四十美元而收購價格高達八十四美元），所以提案雖長達數千字，但無一字提到慕華。後來在經濟委員會討論時有幾位委員指出慕華部分也要調查，我乃獲得深刻的印象。五十九年底政府收購慕華外股作價過高，我提案要求調查，於是追敍前事，主張一併追查，後來查明楊等三人違法失職情節嚴重，我乃堅持必須彈劾。由此可知我對本案完全是就事論事，對人毫無成見。也可知我是「蠢蠢」「察察」兼而有之。這個蠢察的個性和作法，害得我焦頭爛額，甚至不能見諒於本來應該帶有幾分明察和傻氣的監察院同仁！

曹文第三段：「為政之道切忌圖利與好名，後者尤易陷於竊虛名，以毀人而利己。竊陶委員近年來之作風，認為同仁均不配負柏臺重任，唯己一人，乃係監察院之佼佼上選，其平素在各種會議場中驕縱跋扈，傲慢凌厲氣勢，同仁久已忍無可忍，莫不嗤之以鼻。余與陶平素相處感情尚不太壞，曾一再明告或暗示其好名之非。蓋讀書人於國步艱難之時，要有疾風知勁草世亂識忠臣之懷抱，方不負讀書人深明大義之時代責任。惜百川讀書人不求甚解，僅抱幾冊洋文典籍，以言僞而辯之風頭主義，舌戰於議壇之上，同仁等老成謀國者多，花言巧語者少，遂養成其欺世盜名之心性。《詩》云：『既毀我室，無傷我民』。百川既毀監察院而不足，並將同仁全毀之，其不仁不義已至瘋狂程度。『風雨如晦，鷄鳴不已。』讀聖賢書，所為何事，此余不容不以大義斥責百川也。知我罪我，自有世人批定，歷史已將為之照鑒也。」

我對曹文這段論列如下：

一、曹文責我「認為同仁均不配負柏臺重任，唯己一人，乃係監察院之佼佼上選」。請提出證據來！正好相反，本院儘多我所欽佩的人，曹委員本人曾是其中之一。但是看到他這次所發的印刷品，這樣蠻橫無理，公然侮辱，確使我大失所望。

二、曹文責我「驕縱跋扈，傲慢凌厲」。我反省一下，我幸而從來沒有像他這樣公然侮辱同仁。正好相反，我對同仁常能保持風度，敬禮有加。以後自當益加注意。但我得聲明：曹委員卻並未「曾一再明告或暗示其好名之非」，有之，只是這一次而已。

三、曹文責我「讀書人不求甚解，僅抱幾册洋文典籍，以言僞而辯之風頭主義，舌戰於議壇之上」。我承認讀書不求甚解，因爲我公事太多，案牘勞形，重以年老多病，沒有時間和精力去考證和思索，卽以曹文所嘲笑和我所看的洋文典籍而論，也不及線裝書之多，我一向都引爲憾事。但是曹文把我愛國憂民革新除弊的純正的嚴肅的提案和言論斥爲風頭主義，這就太抹煞事實和侮辱老友了。

四、曹文愈說愈怪，甚至責我「旣毀監察院而不足，並將同仁全毀之，其不仁不義已至瘋狂程度」。究竟誰在毀監察院？誰在毀同仁？誰是不仁不義？誰已至瘋狂程度？不用我們二人嚼舌，曹文這話說得好：「自有世人批定，歷史已將爲之照鑑也」。

曹文最後一段全文如下：「余將堅絕否決陶委員百川之彈章，亦知其將利用輿論再加毀於第二次參加審議會之委員。故特作以上之嚴正聲明。」

看上文第一句：「余（曹）將堅絕否決陶委員百川之彈章」，可知他在彈劾案表決甚至尚未看到之前已經決定將它否決，並將他對我的人身攻擊作爲否決彈劾案的原因和理由，這種做法，實在不夠正大，但我還得保持風度，故不多說。

六十年七月二十六日
吳大宇
商岳衡

（附載一）替陶百川委員畫像

中等身材，花白頭髮，常穿舊西裝，喜帶雨傘，頭腦細密，性情耿介，稱呼每個人均冠以「先生」，對於這件事的執行他很認眞，從不改變。

他就是有「明星委員」之稱的監察委員陶百川！

暌別將近一年，近忽傳說他不回來了。聽到這個消息的人，都會要求人家：「再說一遍。」

陶委員是國之諍臣，監察院的棟樑，才華如海，意氣如雲。這些年來，他受的挫折委屈何止千萬，可是他有愛國思想作中心，從不氣餒，這種「以天下爲己任」的氣概，正是陶委員最爲人稱道之處。現在竟有傳聞，他醞釀辭去監委職務，寄居美國，不擬返臺了，是耶？抑傳之非眞耶？

與陶百川「焦不離孟，孟不離焦」的監委吳大宇，昨天下午應記者之請，就陶委員之爲人、處世、遭際、未來作一小時的談話：

鬥士

吳委員極力推崇他的摯友是一個正直耿介、行爲不苟的人，唯其如此，他乃有「鐵肩擔道義、棘手著文章」的勇氣。吳大宇又說：「你們記者朋友，喜將我與陶委員相提並論，其實我不及他甚遠。我認爲陶委員對監察院最大的貢獻是在制度方面。他是學法律的，所見者大，尤其對於監察制度之確立，有不可磨滅的貢獻。至於這些年來，監察院面臨的幾個大案子，如彈劾俞鴻鈞案、殷臺案、杜絕浪費調整公教人員待遇案、彈劾法官案，陶委員無役不與，愈挫愈奮，他眞是位了不起的鬥士！」

孤掌

那麼，陶百川的作法是否是「明星主義」、「風頭主義」呢？吳大宇解釋道「我亦曾冷靜觀察我友的所作所爲，發現他並不是風頭主義者。凡有礙國家聲望和違背國策者，他不批評，因爲他不願予敵人以宣傳的資料，有損政府之聲望。但是，在嚴懲貪汚，整肅官箴，反對刑訊方面，他覺得這些是政府不應避諱的，他要講，要大聲疾呼。唯有些人並不同此看法，故而在觀念上自有某種程度的出入，因此，很難發生『諍臣』的作用，而他的內心也愈形苦悶了。」

陶百川的苦悶，進而演變成他對監察權的看法。糾彈我自糾彈，「好」官他自爲之，陶百川漸漸感到孤掌難鳴了。

徬徨

陶百川抵美之後，曾著文表示：「我很懷疑作爲一個監察委員，我對國家究有什麼用處，但我職責在身，自然應該回來。」吳大宇分析稱：陶委員是一位苦悶的極端愛國主義者，居美的初期，他仍然是持「寧鳴而死、不默而生」的抱負，可是，陶氏不是聖人，而是常人，最近由於情緒欠佳，一時的感觸，遂致函吳大宇，意欲辭去監委，寄居美國，又說假如他這樣做，也是一個痛苦的決定，情非得已。他的話均係假設語氣，不是最後的決定。這件私函，吳氏本不擬透露，而今，社會談論紛紛，他也只好作「情非得已」的透露。

吳委員再度對記者強調，陶百川是愛國者，報國之途徑有兩條，一是仍然回到監察院，一是留在美國替多難的祖國做些國民外交的工作，何者對國家最有利，陶氏會作智慧的抉擇。

對監察權之行使，如何才能有利於反共復國，在觀念上，陶百川與某些人存在著程度上的差異，乃是他心裡的一個結，有關方面倘去電促其返國，基於滿腔愛國熱忱，陶百川一定會返國的。記者已於昨晚去信美國隔洋採訪，請陶委員給我一個澄清性的答覆，相信不出兩星期，必有回音。

因　果

關於陶百川的傳聞，日來成爲監委談論的焦點。今天早上有一位不願透露姓名的監委向記者表示，陶百川的事令他連想到「人才問題」，人才是決定一國治亂與衰的大前提，有什麼因，就有什麼果，有什麼人才，就有什麼局面，無論古今中外，莫不如此。古人常把人才比於良馬，於是有「養士」之論，故韓愈爲之說曰：「馬之千里者，一食或盡粟一石，食馬者，不知其能千里而食也，是馬也，雖有千里之能，食不飽，力不足，才美不外見，且欲與常馬等不可得，安求其能千里也！」馬且如此，人更可知，故如有求才之心，而無用才之術，那便所謂「策之不以其道」，良馬且不可得，人才是更難於羅致的。

以陶百川而論，他是執政黨的優秀分子，有關方面倘能誠意求之，不僅陶百川將爲復國運動盡其智慧，相信有更多的「陶百川型」人物，都將集結起來，共同爲歷史任務而獻身！

四十三年五月四日

(附載二) 給百川兄的一封公開信

葉時修

百川兄：「××」這本刊物，我向來不很注意，也很少有功夫去看它，可是現在眞的可以說是「洛陽紙貴」了，八元一本漲到十元，還不易買到。因爲人家看了××日報上的醒目廣告，中間一行是紅字印著「陶百川忠奸之辨」，心中不免奇怪，陶百川居然發生了「忠」？「奸」？的問題，當然願意花幾塊錢買本來看看了，「××」的生意經是很懂竅門的，可是我總覺得，民主的社會固然有言論出版的自由，但總不應該在法治的社會享有隨便罵人的自由啊！民主和法治是現代所不可或缺的兩個條件，任意罵人，任意給人家戴帽子，卻是我們所痛恨的，這理由很簡單，因爲罵人爲法所不許，而出版界瀰漫著一股乖戾之氣，也是和民主精神大相背悖的，這是我首先要說明的態度。……不久以前，胡秋原和李敖他們以互控誹謗而相對公庭，我曾經一再勸胡秋原兄，這官司不必打下去，他白髮蒼蒼的和年紀輕輕的李敖、蕭孟能等並立在法官前面，你就不能讓他一步嗎？何必在公堂上爭一日之長短呢？後來是法官認爲雙方誹謗有據，各處罰鍰了事。

其後有一種在某些單位發行很廣的「××評論」，某期一篇文章中以小偷來比喻監察委員，我看了很氣憤，因爲它已經損傷了人家的人格，超越了評論的範圍，我們也已訴之於法，後來經有關方面疏勸，這件事也就不了了之。我們認爲一方面是罵人之風不可長，一方面是容人之量不可無，我們但求無愧我心，又何必和人斤斤計較？

關於你在兩年前發表於《徵信新聞》的一篇文章「費正清對華言論的再檢討」，引起了人們的批評，這意料之中的事，因爲你的意見和一千多位教授學者所發表的一篇宣言不盡相同，而且你自己也說你的那篇文章寫得不好，但那篇文章也只是寫得不好而已。但卻莫想到兩年前的一篇文章，卻給人家翻出來算舊帳，檢討再檢討。結果給人家戴上了「黑帽子」，被稱之爲「費正清的監察委員」，「金元政策的哨子，應聲蟲，和打手」，「文化漢奸或政治漢奸」，這是你所不及料的，也出乎一般人的意料，因爲這太不近情理，太誣蔑人格了，至於罵你等於「助共滅華」，又差給人戴上「紅帽子」了。

……這裡有一個重要的觀念，亟待澄清，像費正清這種姑息論者，我們甚至可說他是共產黨的同路人，有不少的場合，他們做了共產黨的幫兇，我們要據理駁斥，這是毫無疑問的，但是，我們要嚴重加以打擊，使他們更走極端，發爲更不利於我們的言論呢？還是設法爭取，使他們更瞭解我們（我相信若干姑息主義者的主張是不瞭解我們，誤解我們的緣故。）使他們更同情我們呢？由瞭解而同情，由同情而支助，這是很正當的途徑。像費正清這類的人，在美學術團知識分子中卻有不少，但他們未必都是共產黨。如果多少爭取些人，也未嘗不是一股力量，我們應該是「化敵爲友」呢？還是「激友爲敵」呢？我想這是我們首先應該考慮的，至於費正清這個人是否能夠爭取過來，我不敢斷言，但是我可以斷言的，是我們並未盡到爭取的能事，我想百川兄之稍留餘地，不爲已甚，未始不是「化敵爲友」的存心，效用如何不必去計較，用心良苦，卻不可以一筆抹煞！

我們有堅定的國策，有反共的決心，不可以費正清之一言不利而憂，亦不可以某人之一言利我而喜。反攻復國前途儘多荊棘，我們要奮力一一克復，可是得先有一件條件，那就是上下團結一致，不要自亂步驟，自相攻訐，要做到全國的反共人士大團結不難，大家循民主的方式，人人互相尊重，才是精誠團結的唯一途徑。

……至於「意圖散布於衆而指摘或傳述足以毀損他人名譽之事者，爲誹謗罪。」律有明文，但我勸你不必採取法律的途徑，百川歸海，有容乃大，容或確是一個美德，也是民主的要件，就容忍了吧，你還是努力做你應該做的事，這是我對這封信的主旨所在。

五十七年八月三十一日

湯宜莊

(附載三) 陶百川的爲人

前天下午在永和鎭陶百川委員寓所的精雅小樓中，記者與陶委員促膝長談二小時餘。陶委員才華似海，意氣如雲，談至興處，手舞足蹈，滿室春風。

陶委員最近出版了兩本書，一本書名《回國前後》，一本書名《我在美蘇采風探眞》，記者曾盡一夜之力讀畢，昨天下午所談的，就是這兩本書和書中所觸及的一些有關國會制度、國會現況等問題。

《回國前後》是記敍陶委員於五十三年五月赴美考察至五十五年七月回國，這段時期中的一些事情。書中收集了陶委員的一部分日記、文章以及他一度準備辭去監委職務、久居美國在此間所引起的反應文章。《我在美蘇采風探眞》則是陶委員此次遊美和三十一年前遊歷蘇聯時所見、所聞、所做和所感的一部分記錄。這兩本書的文筆之佳，議論之深猶其餘事，難得的是我們可以從這兩本書中清晰地看到一個憂時愛國者的影子和這個影子所發出的光芒與熱情。

堅守原則

陶百川是個「擇善固執」堅守原則的人，他的原則是什麼呢？他在《回國前後》的日記中說，他看了《戴季陶先生全集》之後，「從戴先生的言行，我聯想到昨天日記中所引述的陸宣公。前者謹小愼微，後者極言進諫。借用白居易的譬喻，戴先生是霧豹冥鴻，寂兮寥兮；陸宣公是雲龍風鵬，勃然突然。立身處世，不妨效戴先生，從政辦事，我願學陸宣公。」他的思想，頗受梁任公的影響。他在同書中說：「我在中學求學時期，就愛讀梁任公的文章，特別是他的〈飲冰室自由書〉和〈德育鑑〉。我的思想，也頗受他的影響。」

范文正公是陶百川所最崇仰的古人之一。范仲淹「先天下之憂而憂，後天下之樂而樂」，以天下爲己任，陶百川也具有這種胸襟和抱負。他在《回國前後》中說：「我所看的書都是悲天憫人治國安民的著作，卽使是詩集也不例外。因爲在詩集中我只看了陸放翁集和白居易集，放翁是『愛國詩人』，臨死猶不忘『王師北定中原日，家祭毋忘告乃翁』。白樂天的詩文是『爲君爲臣爲民爲物而作也，不爲文而作也』。至於學術經濟的書，我看了陸贄的《陸宣公奏議》，梁任公的《飮冰室全集》，顧亭林的《日知錄》和黃梨洲的《明夷待訪錄》，我所以獨喜這四部書，也因爲這四人有悲天憫人的思想，有改造社會和政治的主張，而且又富於血性，能言人所不敢言。」

永不停步

陶百川更是一個永不停止的前進的人，他除了平常的讀書進修工夫外，每隔若干時候，一定要安排一個機會，使他自已能放下一切事務，專心進修，或到國外走走，以免與日新月異的世界知識脫節。當然，他是一個常人，他也有常人的喜怒哀樂，七情六慾，譬如他自已就說，他爲立夫先生的《四書道貫》寫了一篇〈雜說〉，不知是否也犯了「人之患在好爲序」的毛病。對於他的子女在美學有所成（獲博士學位），並獲得很好的工作，他在書中的字裡行間，顯然也流露出欣喜與驕傲之情。

陶百川昨天與記者談話的第二部分，是關於黨、政府與國會之間的關係問題，這個問題記者在上週的「國會春秋」中，曾引述日本國會的情形初步加以論列，陶百川在他的兩本書中對這個問題也討論了很多。陶委員說，在黨的意志與國會的意志之間，在黨的要求與國家的要求之間，在黨紀與國法之間，在人情與良心之間，一個國會議員應持一種什麼態度？應如何抉擇？這是每個國家的國會議員所經常遇到的問題，我們立、監兩院的委員，遇到這種情形的時候尤其多。

良知爲先

他說：關於這個問題，詹森總統在做美國參院議長時曾有一句名言：「對於一件法案，我的考慮程序是這樣的：人——國民——參議員——黨員。」這就是說，當黨的意志與國會意志發生衝突時，議員應服從國會的意志。當國會的意志與國家的要求發生衝突時，議員應服從國家的要求。而當國家的要求與人的良知衝突時，議員應服從良知的指導。

陶委員說，能以上述原則作爲自己在國會行動的準繩的，才夠得上稱爲標準的議員。但是有時議員基於現實的顧忌，譬如爲了下屆的選票或爲了個人在黨內的地位，實在很難抉擇。陶百川說：魚與熊掌二者得兼，自是大幸。如果不能，請以「義」字作爲抉擇的標準。

五十六年六月九日

（附載四）監察委員陶百川傳略

《新香港時報》

——民代列傳之十三

陶百川先生，浙江紹興人，民前九年生，南方大學文學士，上海法科大學法學士，並在美國哈佛大學研究院進修政治及法律。

陶百川先生與代議政治有深切關係。早年曾任上海特別市臨時參議會參議員，國民參政會參政員及制憲國民大會代表，行憲後當選爲監察院監察委員。

陶公自民國十三年即加入國民黨，歷任黨政要職，黨齡長達近七十年。他不僅是國統會最年長的委員，也是最特立獨行的國之大老。每當國統會召開會議時，他總是坦率建言，直言無諱，陶公清廉耿介，一身正氣，同仁及社會人士甚沐其風範皆贊揚相推許也。

陶公是著名的政論家，新聞界先進，因其孤傲的諫官風骨，而被譽爲監察院的清流，陶公臧否時政，諫議當道，令人印象深刻。人們會永遠記得他任諫官時「寧鳴而死不默而生」的座右銘。

陶公又是著名的理論家，登高而望，見者遠也。所以每每議事決事，又極有識見，表現出一個高層政治人物博大精深的思想境界。

當李登輝總統承續大統，但是否同時兼任黨主席，在執政黨內仍有歧見之際，陶公以「我愛先生，我更愛眞理」的風骨氣節，直諫其「誼屬同事，又是長官」的李總統，應超然於黨派和政爭之外，成爲必要時的安定力量。否則，若兼一黨主席，就不能置身事外，將何能成爲「譬如北辰，居其所而眾星拱元」！

民國七十一年五月間爆發的警總文化單位「圍剿陶百川事件」，肇因於陶公發表〈禁書有正道，奈何用牛刀〉及〈請善處言論以促進步而維詳和〉兩篇文章，而被扣上「偏激分子」的帽子，對他造成了極大的傷害和壓力，但實踐已經證明，陶公當時的見解是縝密而正確的。

幾十年來，在他膾炙人口的政論文章中，即曾不斷地引據明儒呂新吾的名言：「在上者積寬成柔，積柔成怯，積怯成畏，積畏成廢。在下者積慢成驕，積驕成怨，積怨成橫，積橫成敢」，直陳當前政經社會法紀廢弛、綱紀敗壞的怪現象，企圖作爲暮鼓晨鐘，喚醒社會有志之士及有權之人挺身而出、撥亂反正。

陶公當年有感於監委是「風霜之任」，以得罪人爲本旨，以批判時政爲常業，捨此別無他事可做，但又恥爲「善伺人意」，而堅決請辭監委，不過辭卸諫官之後的陶公，並沒有以獨善其身自足，反而更將其全部心力投注於推動國家民主化的政治志業上。陶公曾在新聞界先後任上海《國民日報》編輯、《上海晨報》總主筆、香港《國民日報》社長、重慶《中央日報》總社社長及紐約《華美日報》總編輯。在政治法律方面的著作有：《中國勞動法之理論與實際》、《比較監察制度》、《監察制度新發展》、《臺灣要更好》、《臺灣怎樣能更好》、《人權呼應》、《東亞豪賭》及《陶百川叮嚀文存》。

（附載五）與陶委員共擠公車

上午九點多鐘，天空飄著細雨，在永和鎭中興街口四十五路公車的候車站旁邊，一位滿頭白髮的老人，以一隻牛皮紙袋作爲雨具，靜靜地等著公車駛來。

這位老人便是大家所熟知的監察委員陶百川，在車站附近的人，大概都認識這位老先生，他不管刮風下雨，每天總要按時搭乘公共汽車到監察院去處理公務。監察委員的生活是清苦的，而陶百川更是少數特別清苦中的一位，他可以利用自己的職權與地位，弄一部「私家車」坐坐，但，如果那樣，陶百川便不成其爲陶百川了。

在車站候車，只是他生活中的一部分而已，老實說，四十五路公車是比較不守時的一條路線，他很可以向公車處打打官腔，但他從不以「特權」自居，這又是陶百川的另一面。

監察委員們都是年高德劭之士，他們每個人的生活方式都不同，但陶百川似乎和他們更不同，他每天早上，一定要看好幾份報紙，從報紙上找尋他應該做的事情，兩個多月之前，他在監察院一口氣提出了五個刑案的處理，主張予以調查，這些刑案的來源，都是從報紙上得到的，那是一件震動一時的大事，由陶百川提出來，更覺得份量不同。

兩年前，陶百川曾經到美國去考察，當時關於他個人，有各種不同的說法，有人說他是「道不行，乘桴浮於海」，也有人說他在監察院中話說得太多了，使人傷他的腦筋，更有人表示：陶百川這一次出國，恐怕要終老斯鄉，不會再回來了。

陶百川出國的方式，也是與一般人不同，他是坐船去的，爲什麼不坐飛機呢？很簡單，他沒有錢，坐船雖然就誤很多時間，但卻替他省下很多錢，當然，對於這張飛機票，只要他願意，是有人出的，可是他不願意。

在國外，陶百川是時時在關心國內，去年國民大會集會之前，他寫信給此間的友人說：他很想早點回國，替國家做一點事，甚至於忽發「奇想」，準備回國來競選副總統。這雖是他的玩笑話，但可以證明他的積極進取，並未隨時間而消退。

去年，陶百川從美國回來了，他的頭髮白了許多，去是從高雄坐船去的，回來時是在基隆登的陸。

的確，像監察院內，是不能缺少像陶百川這樣的人的，他每天上午十點鐘左右，便到了監察院的委員休息室，然後開始審閱案件，接見來訪的人，中午乘公共汽車回家吃飯，下午大部分是查案的時間，他是相當忙碌的，因爲有很多人曉得他，有些事情喜歡找他投訴，對於這一份忙碌的工作，陶百川似乎並無厭倦之感，相反的，如果兩天沒有事做，他便要四處去忙著找事做了。

在監察院內，陶百川是極力主張監察院「開放」的一個人，因此，他對若干動輒開祕密會的委員會，深表不滿，他認爲如果民意機關關起門來，不和民意接近，那還算什麼民意機關呢？

對於開放，他自己便是一個代表，不僅在院內，他接見求見他的人，即使在他永和信義路的住宅內，也經常有人來拜望他，他是來者不拒，一律親切接待。他強調了一點：他不是一個「官」。

監察院開會的時候，陶百川很少不發言，而且一定言之有物，他的意見不但具體，並能切中時弊，所以，他的主張老百姓歡迎，新聞記者歡迎，連監委們也表歡迎。

陶百川已經是一位望七之年的老人了，但除了頭上的白髮，可以顯出他的老態以外，他步履輕健，精神煥發，正顯示他是「老當益壯」，他的立身處世，是本著固定原則的，所以他能不憂、不懼、不惑，求之於今天的高級民意代表中，有幾個能像陶百川呢！

昨天，在雨中，記者又和陶百川同時擠上了四十五路公車，他笑笑說：公車沒有候車亭，似乎不太好。說著，他摸摸白頭髮，白髮上掉下幾滴水珠。

五十六年四月二十五日

（附載六）陶百川時代

《聯合報》黑白集

監察院不若立法院之數易首長，故僅有「時代」之分而無「朝代」之變。其某一時代，恒以某一監委較爲突出而具有代表性，乃用此一監委之名而名此一時代。過去有「陳志明時代」、有「曹德宣時代」……在今日，普稱其爲「陶百川時代」。有人倣效「江山代有才人出，各領風騷三百年」的詩句，謂此爲「監院代有強人出，各占風光三五年」。噫嘻！監委諸公多已年高德劭，倘每一監委各自占一時代，誠恐時不我與，而使這部斷代史成爲「未完成的交響曲」！

誠然，以陶百川先生的學養、膽識與風操，不愧爲當代最標準、最傑出的監察委員，但我們深信監委諸公中，具有湛深的學養、卓越的膽識、清厲的風操者，當不止於陶先生一人。今日吏治之不修，政風之窳敗，乃至賄賂公行，殆已瀕於官邪之極致；僅憑陶監委隻手以挽狂瀾，獨木以支大廈，顯屬力有未逮。設非監委諸公群策群力，以大無畏的精神，爲整飭風紀而作共同的奮鬥，則來日的艱危將不免於悲劇的浩刼。所謂「陶百川時代」者，亦不過爲悲劇中的英雄角色而已。誠如監委陳志明所言：「有人甚至說，監察院出了一位陶百川，怎麼得了！我則認爲，如果監察院能有三個或五個陶百川，不是更好嗎？不是更對政府有貢獻嗎？」陳監委之言，實足以發人猛省。